禅林宝训

中国佛学经典宝藏

30

星云大师总监修

徐小跃 释译

人民东方出版传媒

东方出版社

图书在版编目（CIP）数据

禅林宝训 / 徐小跃　释译. —北京：东方出版社，2015.9
（中国佛学经典宝藏）
ISBN 978 - 7 - 5060 - 8614 - 1

Ⅰ . ①禅…　Ⅱ . ①徐…　Ⅲ . ①禅宗－研究－中国－宋代　Ⅳ . ① B946.5

中国版本图书馆 CIP 数据核字（2015）第 289526 号

本书中文简体字版由上海大觉文化传播有限公司独家授权出版
中文简体字版专有权属东方出版社

禅林宝训
（CHANLIN BAOXUN）

释 译 者：徐小跃
责任编辑：查长莲
出　　版：东方出版社
发　　行：人民东方出版传媒有限公司
地　　址：北京市东城区朝阳门内大街 166 号
邮　　编：100010
印　　刷：北京明恒达印务有限公司
版　　次：2017 年 9 月第 1 版
印　　次：2023 年 10 月第 4 次印刷
开　　本：880 毫米 ×1230 毫米　1/32
印　　张：13.5
字　　数：300 千字
书　　号：ISBN 978 - 7 - 5060 - 8614 - 1
定　　价：59.00 元
发行电话：（010）85924663　85924644　85924641

总序

星云

自读首楞严，从此不尝人间糟糠味；

认识华严经，方知已是佛法富贵人。

诚然，佛教三藏十二部经有如暗夜之灯炬、苦海之宝筏，为人生带来光明与幸福，古德这首诗偈可说一语道尽行者阅藏慕道、顶戴感恩的心情！可惜佛教经典因为卷帙浩瀚、古文艰涩，常使忙碌的现代人有义理远隔、望而生畏之憾，因此多少年来，我一直想编纂一套白话佛典，以使法雨均沾，普利十方。

一九九一年，这个心愿总算有了眉目。是年，佛光山在中国大陆广州市召开"白话佛经编纂会议"，将该套丛书定名为《中国佛教经典宝藏》①。后来几经集思广

---

① 编者注：《中国佛教经典宝藏》丛书，大陆出版时改为《中国佛学经典宝藏》丛书。

益，大家决定其所呈现的风格应该具备下列四项要点：

一、启发思想：全套《中国佛教经典宝藏》共计百余册，依大乘、小乘、禅、净、密等性质编号排序，所选经典均具三点特色：

1. 历史意义的深远性

2. 中国文化的影响性

3. 人间佛教的理念性

二、通顺易懂：每册书均设有原典、注释、译文等单元，其中文句铺排力求流畅通顺，遣词用字力求深入浅出，期使读者能一目了然，契入妙谛。

三、文简意赅：以专章解析每部经的全貌，并且搜罗重要的章句，介绍该经的精神所在，俾使读者对每部经义都能透彻了解，并且免于以偏概全之谬误。

四、雅俗共赏：《中国佛教经典宝藏》虽是白话佛典，但亦兼具通俗文艺与学术价值，以达到雅俗共赏、三根普被的效果，所以每册书均以题解、源流、解说等章节，阐述经文的时代背景、影响价值及在佛教历史和思想演变上的地位角色。

兹值佛光山开山三十周年，诸方贤圣齐来庆祝，历经五载、集二百余人心血结晶的百余册《中国佛教经典宝藏》也于此时隆重推出，可谓意义非凡，论其成就，则有四点可与大家共同分享：

一、**佛教史上的开创之举**：民国以来的白话佛经翻译虽然很多，但都是法师或居士个人的开示讲稿或零星的研究心得，由于缺乏整体性的计划，读者也不易窥探佛法之堂奥。有鉴于此，《中国佛教经典宝藏》丛书突破窠臼，将古来经律论中之重要著作，做有系统的整理，为佛典翻译史写下新页！

二、**杰出学者的集体创作**：《中国佛教经典宝藏》丛书结合中国大陆北京、南京各地名校的百位教授、学者通力撰稿，其中博士学位者占百分之八十，其他均拥有硕士学位，在当今出版界各种读物中难得一见。

三、**两岸佛学的交流互动**：《中国佛教经典宝藏》撰述大部分由大陆饱学能文之教授负责，并搜录台湾教界大德和居士们的论著，借此衔接两岸佛学，使有互动的因缘。编审部分则由台湾和大陆学有专精之学者从事，不仅对中国大陆研究佛学风气具有带动启发之作用，对于台海两岸佛学交流更是帮助良多。

四、**白话佛典的精华集萃**：《中国佛教经典宝藏》将佛典里具有思想性、启发性、教育性、人间性的章节做重点式的集萃整理，有别于坊间一般"照本翻译"的白话佛典，使读者能充分享受"深入经藏，智慧如海"的法喜。

今《中国佛教经典宝藏》付梓在即，吾欣然为之作序，并借此感谢慈惠、依空等人百忙之中，指导编修；吉广舆等人奔走两岸，穿针引线；以及王志远、赖永海等大陆教授的辛勤撰述；刘国香、陈慧剑等台湾学者的周详审核；满济、永应等"宝藏小组"人员的汇编印行。由于他们的同心协力，使得这项伟大的事业得以不负众望，功竟圆成！

《中国佛教经典宝藏》虽说是大家精心擘划、全力以赴的巨作，但经义深邃，实难尽备；法海浩瀚，亦恐有遗珠之憾；加以时代之动乱，文化之激荡，学者教授于契合佛心，或有差距之处。凡此失漏必然甚多，星云谨以愚诚，祈求诸方大德不吝指正，是所至祷。

一九九六年五月十六日于佛光山

原版序
敲门处处有人应

慈惠

　　《中国佛教经典宝藏》是佛光山继《佛光大藏经》之后，推展人间佛教的百册丛书，以将传统《大藏经》精华化、白话化、现代化为宗旨，力求佛经宝藏再现今世，以通俗亲切的面貌，温渥现代人的心灵。

　　佛光山开山三十年以来，家师星云上人致力推展人间佛教，不遗余力，各种文化、教育事业蓬勃创办，全世界弘法度化之道场应机兴建，蔚为中国现代佛教之新气象。这一套白话精华大藏经，亦是大师弘教传法的深心悲愿之一。从开始构想、擘划到广州会议落实，无不出自大师高瞻远瞩之眼光，从逐年组稿到编辑出版，幸赖大师无限关注支持，乃有这一套现代白话之大藏经问世。

　　这是一套多层次、多角度、全方位反映传统佛教文化的丛书，取其精华，舍其艰涩，希望既能将《大藏经》

深睿的奥义妙法再现今世，也能为现代人提供学佛求法的方便舟筏。我们祈望《中国佛教经典宝藏》具有四种功用：

一、是传统佛典的精华书

中国佛教典籍汗牛充栋，一套《大藏经》就有九千余卷，穷年皓首都研读不完，无从赈济现代人的枯槁心灵。《宝藏》希望是一滴浓缩的法水，既不失《大藏经》的法味，又能有稍浸即润的方便，所以选择了取精用弘的摘引方式，以舍弃庞杂的枝节。由于执笔学者各有不同的取舍角度，其间难免有所缺失，谨请十方仁者鉴谅。

二、是深入浅出的工具书

现代人离古愈远，愈缺乏解读古籍的能力，往往视《大藏经》为艰涩难懂之天书，明知其中有汪洋浩瀚之生命智慧，亦只能望洋兴叹，欲渡无舟。《宝藏》希望是一艘现代化的舟筏，以通俗浅显的白话文字，提供读者遨游佛法义海的工具。应邀执笔的学者虽然多具佛学素养，但大陆对白话写作之领会角度不同，表达方式与台湾有相当差距，造成编写过程中对深厚佛学素养与流畅白话语言不易兼顾的困扰，两全为难。

三、是学佛入门的指引书

佛教经典有八万四千法门，门门可以深入，门门是无限宽广的证悟途径，可惜缺乏大众化的入门导览，不易寻觅捷径。《宝藏》希望是一支指引方向的路标，协助十方大众深入经藏，从先贤的智慧中汲取养分，成就无上的人生福泽。

四、是解深入密的参考书

佛陀遗教不仅是亚洲人民的精神归依，也是世界众生的心灵宝藏。可惜经文古奥，缺乏现代化传播，一旦庞大经藏沦为学术研究之训诂工具，佛教如何能扎根于民间？如何普济僧俗两众？我们希望《宝藏》是百粒芥子，稍稍显现一些须弥山的法相，使读者由浅入深，略窥三昧法要。各书对经藏之解读诠释角度或有不足，我们开拓白话经藏的心意却是虔诚的，若能引领读者进一步深研三藏教理，则是我们的衷心微愿。

大陆版序一

释水生

    《中国佛教经典宝藏》是一套对主要佛教经典进行精选、注译、经义阐释、源流梳理、学术价值分析，并把它们翻译成现代白话文的大型佛学丛书，成书于二十世纪九十年代，由台湾佛光文化事业有限公司出版，星云大师担任总监修，由大陆的杜继文、方立天以及台湾的星云大师、圣严法师等两岸百余位知名学者、法师共同编撰完成。十几年来，这套丛书在两岸的学术界和佛教界产生了巨大的影响，对研究、弘扬作为中国传统文化重要组成部分的佛教文化，推动两岸的文化学术交流发挥了十分重要的作用。

    《中国佛学经典宝藏》则是《中国佛教经典宝藏》的简体字修订版。之所以要出版这套丛书，主要基于以下的考虑：

    首先，佛教有三藏十二部经、八万四千法门，典籍浩瀚，博大精深，即便是专业研究者，穷其一生之精力，恐也难阅尽所有经典，因此之故，有"精选"之举。

其次，佛教源于印度，汉传佛教的经论多译自梵语；加之，代有译人，版本众多，或随音，或意译，同一经文，往往表述各异。究竟哪一种版本更契合读者根机？哪一个注疏对读者理解经论大意更有助益？编撰者除了标明所依据版本外，对各部经论之版本和注疏源流也进行了系统的梳理。

再次，佛典名相繁复，义理艰深，即便识得其文其字，文字背后的义理，诚非一望便知。为此，注译者特地对诸多冷僻文字和艰涩名相，进行了力所能及的注解和阐析，并把所选经文全部翻译成现代汉语。希望这些注译，能成为修习者得月之手指、渡河之舟楫。

最后，研习经论，旨在借教悟宗、识义得意。为了将其思想义理和现当代价值揭示出来，编撰者对各部经论的篇章品目、思想脉络、义理蕴涵、学术价值等所做的发掘和剖析，真可谓殚精竭虑、苦心孤诣！当然，佛理幽深，欲入其堂奥、得其真义，诚非易事！我们不敢奢求对于各部经论的解读都能鞭辟入里，字字珠玑，但希望能对读者的理解经义有所启迪！

习近平主席最近指出："佛教产生于古代印度，但传入中国后，经过长期演化，佛教同中国儒家文化和道家文化融合发展，最终形成了具有中国特色的佛教文化，给中国人的宗教信仰、哲学观念、文学艺术、礼仪习俗等留下了深刻影响。"如何去研究、传承和弘扬优秀佛教文化，是摆在我们面前的一个重要课题，人民东方出版传媒有限公司拟对繁体字版的《中国佛教经典宝藏》进行修订，并出版简体字版的《中国佛学经典宝藏》，随喜赞叹，寥寄数语，以叙因缘，是为序。

二〇一六年春于南京大学

大陆版序二

依空

身材高大、肤色白皙、擅长军事的亚利安人，在公元前四千五百多年从中亚攻入西北印度，把当地土著征服之后，为了彻底统治这里的人民，建立了牢不可破的种姓制度，创造了无数的神祇，主要有创造神梵天、破坏神湿婆、保护神毗婆奴。人们的祸福由梵天决定，为了取悦梵天大神，需要透过婆罗门来沟通，因为他们是从梵天的口舌之中生出，懂得梵天的语言——繁复深奥的梵文，婆罗门阶级是宗教祭祀师，负责教育，更掌控了神与人之间往来的话语权。四种姓中最重要的是刹帝利，举凡国家的政治、经济、军事、文化等等都由他们实际操作，属贵族阶级，由梵天的胸部生出。吠舍则是士农工商的平民百姓，由梵天的膝盖以上生出。首陀罗则是被踩在梵天脚下的土著。前三者可以轮回，纵然几世轮转都无法脱离原来种姓，称为再生族；首陀罗则连轮回的因缘都没有，为不生族，生生世世为首陀罗，子孙也倒霉跟着宿命，无法改变身份。相对于此，贱民比首陀罗更为卑微、低贱，连四种姓都无法跻身其中，只能从事挑粪、焚化尸体等最卑贱、龌龊的工作。

出身于高贵种姓释迦族的悉达多太子，为了打破种姓制度的桎梏，舍弃既有的优越族姓，主张一切众生皆平等，成正等觉，创立了佛教僧团。为了贯彻佛教的平等思想，佛陀不仅先度首陀罗身份的优婆离出家，后度释迦族的七王子，先入山门为师兄，树立僧团伦理制度。佛陀更严禁弟子们用贵族的语言——梵文宣讲佛法，而以人民容易理解的地方口语来演说法义，这就是巴利文经典的滥觞。佛陀认为真理不应该是属于少数贵族、知识分子的专利或装饰，而应该更贴近普罗大众，属于平民百姓共有共知。原来佛陀早就在推动佛法的普遍化、大众化、白话化的伟大工作。

佛教从西汉哀帝末年传入中国，历经东汉、魏晋南北朝、隋唐的漫长艰巨的译经过程，加上历代各宗派祖师的著作，积累了庞博浩瀚的汉传佛教典籍。这些经论义理深奥隐晦，加以书写的语言文字为千年以前的古汉文，增加现代人阅读的困难，只能望着汗牛充栋的三藏十二部扼腕慨叹，裹足不前。

如何让大众轻松深入佛法大海，直探佛陀本怀？佛光山开山宗长星云大师乃发起编纂《中国佛教经典宝藏》。一九九一年，先在大陆广州召开"白话佛经编纂会议"，订定一百本的经论种类、编写体例、字数等事项，礼聘中国社科院的王志远教授、南京大学的赖永海教授分别为中国大陆北方与南方的总联络人，邀请大陆各大学的佛教学者撰文，后来增加台湾部分的三十二本，是为一百三十二册的《中国佛教经典宝藏精选白话版》，于一九九七年，作为佛光山开山三十周年的献礼，隆重出版。

六七年间我个人参与最初的筹划，多次奔波往来于大陆与台湾，小心谨慎带回作者原稿，印刷出版、营销推广。看到它成为佛教徒家中的传家宝藏，有心了解佛学的莘莘学子的入门指南书，为星云大师监修此部宝藏的愿心深感赞叹，既上契佛陀"佛法不舍一众"的慈悲本怀，更下启人间佛教"普世益人"的平等精神。尤其可喜者，欣闻现大陆出版方东方出版社潘少平总裁、彭明哲副总编亲自担纲筹划，组织资深编辑精校精勘；更有旅美企业家鲁彼德先生事业有成之际，秉"十方来，十方去，共成十方事"之襟怀，促成简体字版《中国佛学经典宝藏》的刊行。今付梓在即，是为序，以表随喜祝贺之忱！

二〇一六年元月

目 录

题

解

《禅林宝训》四卷，由宋临济宗妙喜宗杲和竹庵士珪两禅师共集。此书不久散失过半，南宋东吴（今苏州）僧人净善于南宋淳熙年间，游历江西云门山时，从老僧岳山祖安处得到散失过半的《禅林宝训》。由于年代长久，书已被虫蛀，破损严重，首尾也有或缺。自得此书以后，净善用了十年时间在诸多语录、传记中仅寻得五十余篇，因此，他又重新从先辈黄龙慧南、佛照德光、简堂行机诸老遗语中收集资料，通过节录修葺，分类三百篇，终于编成现存的《禅林宝训》。现载《大正新修大藏经》第四十八卷诸宗部五，由大正一切经刊行会发行，另载《中华大藏经》汉文部分第七十九册，中华书局一九九三年版。《禅林宝训》的注释本有：《禅林宝训音义》一卷，明大建校定；《禅林宝训合注》四卷，清张文嘉校定，张文宪参阅；《禅林宝训拈颂》一卷，清行盛著，超记录；《禅林宝训顺朱》四卷，清德玉朱；《禅林宝训笔说》三卷，清智祥述，张照撰，心赋附。以上注释本均收入《续藏经》第二编甲第十八套。

《禅林宝训》先编集者之一的妙喜宗杲禅师（公元一〇八九——一一六三年），俗姓奚，宣州宁国（今安徽宣城）人。少年出家，十七岁受具足戒，历参禅僧。张商英曾题其所居庵为"妙喜"，因而自称妙喜。宗杲出家之后，便在景德寺学习禅宗经典，尤其喜读云门宗语录。于大观三年（公元一一〇九年）来到渤潭山宝峰寺（今江西南昌），投到湛堂文准（公元一〇六一——一一一五年）门下，文准临终时，曾嘱咐宗杲去投奔佛果克勤（公元一〇六三——一一三五年）。宋徽宗宣和六年（公元一一二四年），佛果克勤奉旨住持京都天宁寺，宗杲遂也进京，从克勤学禅，深蒙克勤"印可"，即令"分座接众"。不久，宋钦宗赐号"佛日"。金人犯京，宋室南移，宗杲也随之离京南下。此间，由于社会动荡不安，他辗转于今江苏、江西、浙江、广东和福建等地。到绍兴八年（公元一一三八年）终开法席于临安（今浙江杭州）径山，故又称"径山宗杲禅师"。宗杲由于与力主抗金的张九成厚善，不肯阿附秦桧，遂也遭到秦桧的迫害。先贬湖南（衡州——今湖南衡阳），又窜广东（梅州——今广东梅县），直到绍兴二十六年（公元一一五六年）遇赦，恢复了他的僧人身份。孝宗即位，赐号"大慧禅师"以后，于禅宗史上便称他为"大慧宗杲"或"大慧杲"。孝宗隆兴元年（公元一一六三年）八月十日宗杲病逝，终年七十五岁。他逝世后，孝宗又赐谥号"普觉"。

另一位编集者竹庵士珪禅师（公元一〇八三——一四六年），俗姓史，成都人。初依大慈宗雅，心醉《楞严》。逾五年，南游谒诸尊宿，参佛眼清远得悟。后历主龙翔、天宁、褒禅、东林诸刹。绍兴中，与宗杲共居云门。绍兴间，奉诏开山雁荡能仁。他并通外学，工书法，善尺牍。有语录、偈颂传世。

重新编集《禅林宝训》的南宋僧人净善的得法世系不得详考。述《禅林宝训笔说》的清人智祥就曾指出："后学不可单称先辈之名，当曰上净下善，即序主名也，宋时人蒲姑之高僧，得法氏族未详。"

"禅林宝训"四字是一个比喻的说法，众木相倚成林，以此比喻诸禅师嘉言善行不是少数人所发所为，而是众多深修禅定之人所汇集而成，故说禅林。"宝"字，是贵重、宝贵的意思。"训"字，是教诲、教诫，典式、法则的意思。把众多禅师的法言皆视为训诲、教诫之辞，进而视为指导人们言行的法则、典式，足见对诸禅僧言行的推崇，所以以"宝"字来形容和比喻。从这四字的书名即可知该书的意义之所在。

《禅林宝训》的意义，一言以蔽之，即如净善在该书序中所说的那样："大概使学者削势利人我，趋道德仁义而已。"也就是说，编辑该书的本意主要是教训学者，消除权势、财利和人我之心，使其趋向道德仁义而已。这一独特的意义，就决定了《禅林宝训》在佛学中，更确切地说，在佛教禅学中具有较高的宗教价值和学术地位。这一点我们首先可以从后代学者对该书的评价上得到证明。清代浙东永康黄普山樵在《禅林宝训笔说·序》中指出："佛教之有宝训，犹圣教之有四子书也……入宗门者当读此为第一义。"《禅林宝训笔说》的作者智祥在该书的序中也说道："宝训一书，盖古人抚育情深，肝膈语也。作之记之，诚不啻嚼食喂婴苦心极矣，且三百篇皆英玮绝世之才，凌跨百代，发纤秾于简古，寄至味于澹泊，天机畅发，语句寻常……予自参学以来，读之已四十春秋，如饮醍醐，如餐妙药。"

为什么《禅林宝训》一直受到元明清三代禅宗的重视，被奉为禅僧必读书？为什么读此书有"如饮醍醐，如餐妙药"之感受？要回答这些问题，必须对《禅林宝训》的具体内容加以概要地介绍以后才能做到。

《禅林宝训》是一部文理悠闲平易，全无玄虚怪妄之痕迹的书籍。通过平易、简练、易懂的语言深刻再现了禅宗作为佛法心宗所奉行的戒、定、慧等细行，更通过这些语言形式向人们展现了历来丛林住持的嘉言善行、高风亮节以及敦品励行。它要达到的最终目的是帮助人们入道而心怀远虑之谋，消除势利人我之心，同归道德仁义。山樵在《禅林宝训笔说·序》转述了清代僧人晓岱对《禅林宝训》一书特点的概括："是书也，非《华严》之尚清虚也，非《金刚》之证因果也，非《圆觉》之偏寂静也，非《维摩》之溺幽隐也，非《楞伽》《楞严》之空空色色，有形无形也。"《禅林宝训》不但与以上所举诸经有明显的不同特点，而且与禅宗自身经典以及禅宗各宗派存在很大的差异性。它没有《景德传灯录》《五灯会元》那种有正说，有反说，有庄说，有谐说，有横说，有竖说，有显说，有密说的"公案""机锋"和答非所问的"禅语"，更没有对古时禅宗"公案"注释式的"评唱""击节"。《禅林宝训》所载各位禅师接引学者的方式，与重顿超得妙、功行绵密的沩仰宗，重峻峭机锋、解黏去缚的临济宗，重稳顺绵密、判断修证的曹洞宗，重斩断葛藤、截断转机的云门宗，重对病施药、相身裁缝的法眼宗都有所不同，它直以正面说理，去训诫、诱掖学人修养道德，利济众生。

面对宋代禅宗出现的种种弊端和危机，《禅林宝训》的作者们忧心忡忡，他们以强烈的责任感，以超世的勇气加以严厉的痛斥。禅宗的发展历史告诉我们，禅学发展到宋代，由于出现了许多"公案""机锋"以及对这些"公案"进行注释的"评唱""击节"，从而使宋代禅学走上了由惠能开创的"不立文字"的早期禅宗的反面，即由"不立文字"而变成了"不离文字"，由"内证禅"而变成了"文字禅""义理禅"。这种情况发展的极致就是《禅林宝训》的先集者之一妙喜宗杲禅师的老师佛果克勤所著的《碧岩录》。对这段历史，《禅林宝训》是这样记述的：简要至极的教外别传之道，起初没有别的说法，前辈们坚信不疑地实行和守护它。到了北宋真宗天禧年间，雪窦对此至简至要之道美意变弄，一味求取新颖奇巧，他继承汾阳善昭的做法，举古则为韵语，试图以此去发明古则的意旨，从而达到笼络当世学人的目的。禅宗风气由此而发生了一个大变化。到了北宋徽宗宣和年间，圆悟克勤又出己意，背离教外别传之道，著成《碧岩集》。那时，新进后生，朝诵暮习它，并称其为至高的学问，并没有人了悟这种学说的错误。南宋高宗绍兴初年，大慧宗杲去福建，看到学者被一本《碧岩集》所牵引得不能迷途知返，由于日驰月奔，已浸染成弊。大慧宗杲愤怒地碎毁刻板，并驳斥该书不正确的学说，通过一番努力，使教外别传之道在丛林中又得振兴。书中所反映出来的以宗杲为代表的一大批有识的禅僧为挽救佛教禅学弊端而做的种种努力，有力地表明，宋代禅学尚有一股清新之风，并非全是崇尚公案、机锋、评唱以及玄远的那一套，禅学的真实本旨靠了这些禅僧在宋代还是得到了一定的恢复和张扬。这对全面把握和认识宋代以及以后的禅学性质，起到了独特作用。宋代禅学所具有的清新之风，还体现在佛禅与中国传统儒家思想的融合上，而《禅林宝训》一书又比较集中汇集了这方面的资料及其内容。

《禅林宝训》中记载的禅师，很多是深谙儒家之理。书中多次提到了《孟子》《周易》《论语》《中庸》《礼记》等儒家经典，并以此去会通佛教的"慈悲""重义""行善"等思想，从而诲诫丛林住持及学者按此励行。

由三百篇编辑而成的《禅林宝训》，以大量记载禅僧们的操守德行为主，并以融会儒家伦理道德。可以这么说，这些释儒相融的有关思想构成了《禅林宝训》一书的主旨。冠于《禅林宝训》三百篇之首的是倡导释儒融合的代表人物，云门僧人明教契嵩（公元一〇〇七——〇七二年）关于道德的论述。他指出，道最尊贵，德最美好。有了道德，即使是平民百姓，也不可说他们是穷乏的，而没有了道德，即使是得到天下的人，也不可说他们是通达的。这是因为学者忧虑自身道德的丢失，而不害怕自己权势地位的丧失。①

对长老、住持如何去诱掖学人，《禅林宝训》更是从儒家的仁、义、礼、智去提出要求和指出方向。因为在他们看来，长老、住持就是道德的器物，即本身就是道德的体现，并且，丛林的兴衰存亡又与有无道德紧密相关。浮山法远圆鉴禅师（？——一〇六七年）认为，住持要具备三个重要的素质：一是仁爱，二是贤明，三是勇敢。所谓仁爱，就是要实行道德；所谓贤明，就是要遵循礼义；所谓勇敢，就是要处事果断。此三者都具备了，丛林就会由此兴盛。②佛智指出，住持的身体有四个支撑点：一是道德，二是言行，三是仁义，四是礼法。善为住持的人，必先尊尚道德，守卫言行。能为学者的人，必先保存仁义，遵循礼法。结论是，丛林由道德保护着，如丛林之住持没有道德，那么，丛林必将呈现颓废之势。③

从以上言论可以看出，宋代禅学确实在与儒家思想融合方面做了切实的努力，极大丰富了禅学自身的内容，从而使禅学更进一步具有了儒学化倾向。宋代禅学与儒家伦理道德的融合，如联系宋代禅学自身的发展情况来评价这一事实，可以得出积极的结论。具体地说，在宋代禅学被"公案""机锋""评唱""击节"等高诞、荒邈、诡异之风笼罩的情况下，学者日鄙，丛林日废，纪纲日坠，欲拯救并振兴禅学，从"道德"入手，以德化人，以情感人不失为一种有效的方法。释儒两家的仁义慈悲的宗旨，通过众多禅师的操守亮节较完美地寄寓在《禅林宝训》中，使人们对宋代禅师平添了一份肃然起敬之感。由此，也证明了《禅林宝训》在禅学的发展中所发挥的特殊功用是不可低估的。

《禅林宝训》共由三百篇组成，字数虽三万有余，但考虑到它是一个围绕特定中心而形成的整体，所以，我们全部将其收录。该书以篇名自然成段，虽然有的一段只有几十字，有的一段几百字，但是，我们并没有将其集中在一起。由于各段所述内容不同，不宜求整齐而按字数分段，因此，我们依然按卷数的次第和不同的篇名自然分段，以保持经典的原貌。

注释：

①《禅林宝训》卷一《镡津集》。

②《禅林宝训》卷一《二事与净因臻和尚书》。

③《禅林宝训》卷四《实录》。

经典

1 禅林宝训序

原典

禅林①宝训②序

宝训者，昔妙喜③、竹庵④诛茅⑤江西云门时共集。予淳熙⑥间，游云居⑦得之老僧祖安⑧。惜其年深蠹损，首尾不完，后来或见于语录、传记中。积之十年仅五十篇余。仍取黄龙下至佛照、简堂⑨诸老遗语，节葺⑩类三百篇。其所得有先后，而不以古今为诠次⑪。大概使学者削势利人我，趋道德仁义而已。其文理优游平易，无高诞、荒邈、诡异之迹⑫，实可以助入道之远猷⑬也。且将刊木以广流传，必有同志之士，一见而心许者，予虽老死丘壑而志愿足矣。

东吴沙门净善书⑭

注释

①**禅林**：即丛林。佛教多数僧众聚居的寺院。意思为比丘和合一处，有如众木相倚成林，故名。这里用来比喻禅人所集之言甚多。

②**训**：教诲，也谓典式、法则。

③**妙喜**：妙喜即径山宗杲大慧禅师（公元一〇八九——一一六三年），宁国（今安徽宣城）奚氏子，嗣佛果克勤禅师，南岳下十五世。

④**竹庵**：即温州（今浙江永嘉）龙翔士珪禅师（公元一〇八三——一一四六年），成都史氏子，嗣佛眼清远禅师，南岳下十五世。

⑤**诛茅**：斩草。

⑥**淳熙**：宋孝宗年号(公元一一七四——一一八九年)。

⑦**云居**：云居山，在江西永修县西南三十里。

⑧**祖安**：即岳山祖安主，得法于青原惟信，南岳下十四世。

⑨**黄龙下至佛照、简堂**：指从南岳下十一世的黄龙慧南禅师（公元一〇〇二——一〇六九年）至南岳下十六世的育王拙庵禅师（公元一一二二——一二〇三年）、国清行机禅师。

⑩**节葺**：节录，修葺。

⑪**诠次**：编次，排列。

⑫**高诞、荒邈、诡异之迹**：玄虚怪妄之痕迹。高诞，玄远虚妄。荒邈，漫无边际。诡异，怪异。迹，痕迹。

⑬**远猷**：远大的计划，深远的打算。

⑭**东吴沙门净善书**：即宋时东吴（今苏州）蒲姑高僧净善书。序主净善得法氏族未详。沙门，梵文 Sramaṇa 音译之略，意译"息心"或"勤息"，一译"桑门"。表示勤修善法、息灭恶法之意。原为古印度各教派出家修道者的通称，后佛教专指依照戒律出家修道的人。

译文

《禅林宝训》是前代妙喜、竹庵二禅师于江西古云门旧址结庵隐居时共集的有关禅院丛林珍贵的典式、法则。我于南宋淳熙年间，游历云居山，从老僧祖安处喜得该典。由于年代长久，书已被虫蛀，首尾也有或缺，甚是可惜。自得此书以来，将首尾不全者遍讨群集，及至十年之中方才得五十余篇而已。现复取黄龙、佛照、简堂诸老遗语，节录修葺，分类成三百篇。各篇所得有先后，而并不以古今为编排列序。集此书的本意主要是教训学者，消除权势、财利、人我之心，使其趋向道德仁义而已。该宝典文理悠闲平易，全无玄虚怪妄的痕迹，它确实可以帮助人们入道而心怀远虑之谋。所以将它刊印发行而得以广泛流传。与我同志的人，一定会赞许我这样做。如此，即便死了也心满意足了。

东吴沙门净善书

2　卷一

原典

明教嵩①和尚曰："尊莫尊乎道，美莫美乎德。道德之所存，虽匹夫，非穷②也；道之所不存，虽王天下，非通③也。伯夷、叔齐④昔之饿夫也，今以其人而比之，而人皆喜；桀、纣、幽、厉⑤昔之人主也，今以其人而比之，而人皆怒。是故学者患道德之不充乎身，不患势位之不在乎己。"

注释

①**明教嵩：**即杭州佛日契嵩禅师（公元一〇〇七——一〇七二年），字仲灵，自号潜子，宋仁宗赐"明教"师

号，藤州镡津（今广西藤县）李氏子，嗣洞山晓聪禅师，青原下十世。

②**穷**：穷乏，困穷。

③**通**：顺通，通达。

④**伯夷、叔齐**：商末孤竹君长子、次子。墨胎氏。初孤竹君以次子叔齐为继承人，孤竹君死后，叔齐让位，伯夷不受，后二人都投奔到周。到周后，反对周武王进军讨伐商王朝。武王灭商后，他们又逃避到首阳山，不食周粟而死。

⑤**桀、纣、幽、厉**：桀，夏代国王，名履癸。纣，亦称帝辛，商代最后的君主。幽，西周国王，姬姓，名官湼。厉，西周国王，姬姓，名胡。他们都是中国古代有名的暴君。

译文

明教契嵩和尚说："道最尊贵，德最美好。有了道德，即使是平民百姓，也不可说他们是穷乏的；而没有了道德，即使是得到天下的人，也不可说他们是通达的。伯夷和叔齐是古代有名的饿夫，而现今，如把某人比作他们，这些人都会很高兴；夏桀、商纣、周幽王、周厉王是古代的君王，而现今，如把某人比作他们，这些人都会很愤怒。这是因为学者忧虑自身道德的丢失，而不害怕自己权势地位的丧失。"

（《镡津集》）

原典

明教曰："圣贤之学，固非一日之具，日不足，继之以夜，积之岁月，自然可成。故曰，学以聚之，问以辨之。斯言学非辨问无由发明。今学者所至，罕有发一言问辨于人者，不知将何以裨^①助性地，成日新之益乎？"

注释

①裨：增添，引申为补益。

译文

明教契嵩说："圣贤之学，本来不是一日可能具办，但通过日夜相继，岁月积累，自然可成。所以说，学必要聚问，问必要辨难。这就是说，学不辨问，就不能有发明。而今学者变得很少有能发一言及问难于人的了，此等学人我不知道他们将何以补助性地，成日新之利益呢？"

（《九峰集》）

明教曰："太史公读《孟子》，至梁惠王问何以利吾国，不觉置卷长叹：嗟乎！利诚乱之始也。故夫子罕言利，常防其原也。原者，始也。尊崇贫贱。好利之弊，何以别焉？夫在公者，取利不公则法乱。在私者，以欺取利则事乱。事乱则人争不平，法乱则民怨不伏^①。其悖戾斗诤，不顾死亡者，自此发矣。是不亦利诚乱之始也？且圣贤深戒去利，尊先仁义，而后世尚有恃利相欺。伤风败教者何限？况复公然张其征利之道而行之。欲天下风俗正而不浇不薄^②，其可得乎？"

注释

①伏：俯伏。
②不浇不薄：指社会风气淳朴而不浮薄。

译文

明教契嵩说："太史公司马迁读《孟子》，读到梁惠王问孟子用什么方法可使齐国得到利之处，不觉将书搁置而发长叹：唉！利真是乱的开始啊。所以圣人极少谈利，目的是经常防住原头。原即始。上至尊崇的天子，下至贫贱的庶民，尊卑虽别而好利之弊病又有什么差别呢？关键在公正，取利不公正，法度就要乱。如出于私心，用欺诈的手段获取利，那么事情就会搞乱。事情乱了，人们就会发生争斗而无有公平。法度乱了，民众就会产生怨恨而不能俯伏。于是违背公理，相互斗争而不管死亡的人便就此生长出来了。这难道不也是在证明利确实是动乱的始因吗？而且，圣贤深刻告请人们要去除私利而尊崇仁义，但后世尚有很多恃利相欺、伤风败教的人和事，况且又公然张施征取利的原则而践履之。要想天下风俗端正而不衰薄，这样怎么能得到呢？"

（《镡津集》）

原典

明教曰："凡人所为之恶，有有形者，有无形者。无形之恶，害人者也。有形之恶，杀人者也。杀人之恶小，害人之恶大。所以游宴中有鸩毒①，谈笑中有戈矛，堂奥②中有虎豹，邻巷中有戎狄。自③非圣贤绝之于未萌，防之于礼法，则其为害也，不亦甚乎？"

注释

①鸩毒：毒酒。

②**堂奥：**屋西北隅叫奥。堂奥，指堂的深处心腹之地。

③**自：**苟，假如。

译文

明教说："大凡人做恶事，存在着看得见的和看不见的两种情形。看不见的恶是伤害人，看得见的恶是杀人。杀人之恶小，害人之恶大。所以说，优游的宴席中有毒酒，谈笑的风声中有利器，心腹之地有虎豹，邻舍之处有戎狄。假如不是圣贤们把恶断绝于没有萌芽之前，用礼法去防止恶的膨胀，那么，这种危害不也是很大的吗？"

（《西湖广记》）

原典

明教曰："大觉琏①和尚住育王，因二僧争施利不已，主事莫能断。大觉呼至，责之曰：'昔包公判开封，民有自陈：以白金百两寄我者亡矣，今还其家，其子不受，望公召其子还之。公叹异，即召其子语之。其子辞曰：先父存日，无白金私寄他室。二人固让久之。公不得已，责付在城寺观修冥福②，以荐③亡者。予目睹其事，且尘劳中人，尚能疏财慕义如此，尔为佛弟子，不识廉耻若是。'遂依丛林法摈之。"

注释

①大觉琏：即明州（今浙江宁波）育王寺怀琏禅师（公元一〇〇九——一〇九〇年），字器之，福建漳州龙溪（今福建龙溪）陈氏子，嗣泐潭澄禅师，青原下十四世。

②冥福：亡人的资福。

③荐：祭，献。

译文

明教说："大觉琏和尚住育王寺时，有两个僧徒为了争夺信徒供养之物而闹得不可开交，主事僧也不能决断此事。大觉把二僧叫来，责斥他们说道：'从前包公在开封府判过这样一个案子：有一个人对包公说，小民有个叫李觉安的朋友，他自己曾把百两白金寄存我处，他现已过世，现在我欲把钱还给他家里人，而我朋友之子不愿接受，还望包公召来我朋友之子，让他把钱收下。包公感叹此事特别，就把李觉安的儿子召来并详告其情。但李觉安儿子推辞道，先父在时，并没有告诉过我有白金私寄他处。一要还金，一断不受，二人彼此推让很久。

包公见二人如此义勇，不得已，把这些钱责付本城寺观作为修斋之用，以祭亡人的灵魂。我目睹此事。世俗的人尚能如此慕义分财，你们身为佛门弟子，不知廉耻到了这种地步。'于是依照禅院丛林法规将他二人逐出佛门。"

(《西湖广记》)

原典

大觉琏和尚初游庐山，圆通讷[1]禅师一见，直以大器期之。或问："何自而知之？"讷曰："斯人中正不倚，动静尊严，加以道学行谊[2]，言简尽理。凡人资禀如此，鲜不有成器者。"

注释

①圆通讷：即庐山圆通居讷禅师（公元一〇一〇—一〇七一年），字仲敏，西蜀梓州（今四川三台县）蹇氏子，嗣延庆子荣禅师，青原下十五世。

②行谊：行，品行。谊同义，道义。

译文

大觉琏和尚初次游历庐山，圆通讷禅师一见到大觉，就把他当作大材而寄予希望。有人问圆通禅师："如何知道大觉是个大材？"讷禅师说："大觉这个人不偏不倚，行止庄重而有威严，另外他道德品行俱佳，言语简练而合乎道理。凡是一个人能有此资质禀赋，很少不能成材的。"

（《九峰集》）

原典

　　仁祖皇祐①初，遣②银珰③小使，持绿绨④尺一书，召圆通讷住孝慈大伽蓝⑤。讷称疾不起，表疏⑥大觉应诏。或曰："圣天子旌崇道德，恩被泉石，师何固辞？"讷曰："予滥厕⑦僧伦，视听不聪，幸安林下，饭蔬饮水，虽佛祖有所不为，况其他耶？先哲有言，大名之下难以久居。予平生行知足之计，不以声利自累⑧，若厌⑨于心，何日而足？"故东坡尝曰："知安则荣，知足则富。"避名全节，善始善终。在圆通得之矣。

注释

　　①**皇祐**：宋仁宗年号（公元一〇四九一一〇五四年）。

　　②**遣**：派遣。

③珰：耳饰。

④绨：厚绸子。

⑤伽蓝：僧院。

⑥表疏：表，古代章奏的一种。疏，奏章。

⑦滥厕：泛杂。

⑧累：系累，束缚。

⑨厌：满足。

译文

宋仁宗皇祐初年，仁宗遣派一名耳瑶银珰的小使者，拿着用一尺长的绿色厚绸布书写的诏书，召唤圆通讷禅师做孝慈大僧院的住持。讷禅师称病不起，并章奏天子让大觉禅师接受诏令。有人问讷禅师："天子旌奖尊崇道德之人，皇帝恩泽普被泉石，大师你为什么坚决推辞而不接受诏令呢？"讷禅师答道："我无真才实学，聊以置身于僧徒之间，视听均不灵敏，有幸安居林下，粗茶淡饭而已，即使是佛祖也有所不为，何况其他人呢？从前圣哲就说，在盛名之下是难以长久居住的。我平生践履知足的原则，不用声色名利去束缚自身，如果希求心的满足，那么何日能达到满足呢？"所以，苏东坡曾说："知道安心便是光荣，知道满足便是富裕。"避免名利而保全节操，从开头到结局都很好。这在圆通禅师身上得到了体现。

（《行实》）

原典

圆通讷和尚曰："躄①者命在杖，失杖则颠②；渡者命在舟，失舟则溺。凡林下人，自无所守，挟外势以为重者，一旦失其所挟，皆不能免颠溺之患③。"

注释

①躄：两脚瘸。

②颠：跌落，倒下来。

③患：祸害，灾难。

译文

圆通讷和尚说："两脚瘸的人，性命维系在拐杖上，失掉拐杖就要跌倒；摆渡的人，性命维系在船上，失掉船就要被淹死。凡是禅林下的人，如果自己本身没有坚毅的操守，凭仗着外在的权势为依靠，而一旦失掉外在的倚仗，其结果都不能免除跌落淹没的灾难。"

（《庐山野录》）

圆通讷曰："昔百丈大智^①禅师，建丛林立规矩，欲救像季^②不正之弊。曾不知，像季学者盗规矩以破百丈之丛林。上古之世，虽巢居穴处，人人自律，大智之后，虽高堂广厦，人人自废。故曰，安危，德也。兴亡，数也。苟德可将^③，何必丛林？苟数可凭，曷^④用规矩？"

注释

①**百丈大智**：江西百丈怀海大智禅师（公元七二〇—八一四年），福州常乐（在今福建）王氏子，嗣马祖道一禅师，南岳下二世。

②**像季**：像法之末季，意指佛法衰败的末期。

③**将**：养。

④**曷**：何故，为什么。

译文

圆通讷禅师说："从前百丈大智怀海禅师，建立禅门清规，要挽救佛法衰败的末期所造成的不正弊端。怎不知道在佛法衰败的末期学者窃取规则，破坏百丈所创立的禅门清规。上古的时代，即使人居住在树巢洞穴之处，但人人自我约束。大智禅师以后，即使人居住在高堂广厦之处，但人人自我废弃。所以说，安适、危险是事物的两重属性，兴盛、衰败是事物发展的定命。如果有德可持守，虽深山穷谷俱可修行，何必建丛林？如果能达于理数，则困顿挫折皆成礼法，又何必用规矩？"

（《野录》）

原典

圆通谓大觉曰："古圣治心于未萌，防情于未乱，盖预备则无患。所以重门击柝①以待暴客，而取诸豫②也。事豫为之则易，卒③为之固难。古之贤哲，有终身之忧，而无一朝之患者，诚在于斯。"

注释

①**重门击柝**：设置重重门户，并派更夫巡，指严加戒备，以防不测。柝，音"拓"，打更用的梆子。

②**豫**：通"预"，事先有所准备。

③**卒**：猝，突然。

译文

圆通对大觉说："古代圣人讲求在人心没有萌发之前

加以治理，在情欲没有动乱之前加以防范，这大概是说预先有所防备就没有灾难吧！设置重重门户，并派更夫巡夜来防备强暴之徒的侵扰，说的就是防患于未然这个道理。目的是强调事先要考虑到多种隐患并加以预防。事先有所准备，事情做起来就容易，而事先没有准备，突然行事就一定困难。古代的贤哲们，有终身的忧虑，所以没有一朝的灾祸，的确是在于他们具有忧患意识。"

（《九峰集》）

原典

大觉琏和尚曰："玉不琢不成器^①，人不学不知道。今之所以知古，后之所以知先。善者可以为法，恶者可以为戒。历观前辈立身扬名于当世者，鲜^②不学问而成之矣。"

注释

①**玉不琢不成器**：玉石不经雕琢，成不了器物。
②**鲜**：少，不多。

译文

大觉琏和尚说："玉石不经雕琢，成不了器物；人不经学习，不能知道道理。现在之所以知道古代，后人之所以知道先人，就在于学习。好的可以成为效法的对象，坏的可以成为戒备的对象。从历史上看，前辈们所以能立身扬名于他们那个时代，很少是不经过学习辩难而有所成就的。"

（《九峰集》）

原典

　　大觉曰："妙道之理，圣人尝寓之于《易》①。至周衰，先王之法坏，礼义亡，然后奇言异术，间出而乱俗。逮我释迦②入中土，醇③以第一义④示人，而始末设为慈悲，以化群生，亦所以趋于时也。自生民以来，淳朴未散，则三皇⑤之教简而素，春也。及情窦日凿，五帝⑥之教详而文，夏也。时与世异，情随日迁，故三王⑦之教密而严，秋也。昔商周之诰誓⑧，后世学者，故有不能晓。比当时之民，听之而不违，则俗与今如何也？及其弊而为秦汉也，则无所不至矣。故天下有不忍愿闻者，于是我佛如来，一推之以性命之理，冬也。

　　"天有四时循环，以生成万物。圣人设教迭相扶持，以化成天下，亦由是而已矣。然至其极也，皆不能无弊。弊者，迹也。要当有圣贤者，世起而救之。自秦汉以来千有余载，风俗靡靡愈薄。圣人之教，列而鼎立，互相诋訾⑨，大道寥寥⑩莫之返，良可叹也！"

注释

①《易》：即《周易》，儒家经典之一。

②**释迦**：释迦牟尼（Śākyamuni 约公元前五六五—前四八六年）的简称，他是佛教创始人。

③**醇**：纯一不杂。

④**第一义**：指佛教的至上真理。

⑤**三皇**：传说中的远古帝王。指燧人、伏羲、神农（《风俗通义·皇霸》篇引《礼纬含文嘉》）。

⑥**五帝**：传说中的上古帝王。指黄帝、颛顼、帝喾、唐尧、虞舜（《世本》《大戴记》《史记·五帝本纪》）。

⑦**三王**：指夏禹、商汤和周代的文王、武王。

⑧**诰誓**：《尚书》六种体例中的两种。诰，古代一种训诫勉励的文告。誓，古代告诫将士的言辞。

⑨**诋訾**：诬蔑、毁谤。

⑩**寥寥**：非常少，空阔。

译文

大觉说："深妙的大道之理，圣人曾经把它寄托在

《周易》之中。到了周代衰败之时，先王的法度被破坏，先王制定的礼义也随之灭亡，以后离奇怪异的学术便乘机而出来扰乱社会。到了我佛释迦牟尼传入中国以后，向人显现纯一不杂的佛教至上真理。佛教始终是以慈悲为怀，并以此精神去教化大众。佛教的思想也可以说是适应了时代发展的趋向。自有人类以来，在敦厚朴实之性没有分散的时期，三皇（燧人、伏羲、神农）的教义简单而且朴素，如春天万物萌伏而未动。到了人的情欲洞穴开通的时期，五帝（黄帝、颛顼、帝喾、唐尧、虞舜）的教义详备而且文华，如夏天万物芬敷而茂长。每个时代有每个时代特点，性情也随着时间的变化而变化，所以三王（夏禹、商汤、周文王、周武王）的教义肃密而威严，如秋天有肃杀之气。从前商周的诰誓之文礼精而义备，后代的学者有诵习而不能通晓。以今较古当时之民淳朴成风，听从诰誓而不敢违反。以古风与今俗相比，情况如何呢？及其流弊日降而到秦汉时期，败理伤风无所不为。所以天下有不忍心和不愿意听到这种情况的，于是我佛如来，专一推行性命的道理来整饬世风，如冬天收藏万物。

"自然界有春夏秋冬四时的循环，万物在其中发生、成长。圣人设定教义，重迭相互扶助，社会在其中改变、成就。自然与社会也都依顺这样的道理罢了。然而，任何东西发展到极端，都不能没有弊端。所谓弊端，即是陈迹。重要的是应该有圣贤辈出来挽救世风。从秦汉到现在，已有一千多年，风俗零落，并且愈来愈糟，圣人的教义分裂而并峙如鼎足，各种学说相互毁谤，大道稀疏而不能回返，真是可悲叹啊！"

（《答侍郎孙莘老书》）

原典

大觉曰："夫为一方主者，欲行所得之道而利于人，先须克己惠物，下心于一切，然后视金帛如粪土，则四众①尊而归之矣。"

注释

①**四众**：指比丘、比丘尼、沙弥、沙弥尼，即出家人的总称。

译文

大觉说："作为一方之主，要实行自己所崇之道且有利于他人，首先必须约束自己，仁慈待人，更要谦下其心以待一切，然后看钱财如粪土，那么出家四众自然就会尊敬而归服你了。"

（《与九仙诩和尚书》）

原典

大觉曰："前辈有聪明之资，无安危之虑，如石门聪、栖贤舜①二人者，可为戒矣。然则人生定业②，固难明辨，细详其原，安得不知其为忽慢不思之过欤？故曰，祸患藏于隐微，发于人之所忽。用是观之，尤宜谨畏。"

注释

①石门聪、栖贤舜：即襄州（今湖北襄樊）石门寺蕴聪禅师，嗣首山念禅师，南岳下九世，以及南康（今江西星子）云居晓舜禅师，字老夫，瑞州（今江西高安）胡氏子，嗣洞山聪禅师，青原下十世。石门聪由于不自防忍而罹襄州太守之辱。栖贤舜由于不自调摄而遭南康太守的放逐。

②定业：定受生死苦果的必然活动和因果。善之定业，定受乐果；恶之定业，定受苦果。

大觉说："在禅门前辈中有天资聪明但不去思谋安危的人，例如石门寺蕴聪禅师和栖贤寺晓舜禅师便是这种人。他们可以成为谨戒的对象。人生有定不可逃之夙业，本难明辨，详细察究其根源，怎地不知那是忽意怠慢和不思不察的过错呢？所以说，灾祸忧患潜藏在隐匿和细小的地方，发生在人们有所疏忽的时候。由此可见，学人尤其要有所谨慎畏惧。"

（《九峰集》）

原典

云居舜和尚，字老夫。住庐山栖贤日，以郡守槐都官私忿，罗横逆，民其衣，往京都访大觉，至山阳（楚州也），阻雪旅邸。一夕，有客携二仆破雪而至，见老夫如旧识，已而易衣拜于前。老夫问之，客曰："昔在洞山随师，荷担之汉阳干仆宋荣也。"老夫共语畴昔①，客嗟叹之久。凌晨备饭，赠白金五两，仍唤一仆，客曰："此儿来往京城数矣，道途间关备悉，师行固无虑乎。"老夫由是得达辇下②。推此，益知其二人平昔所存矣。

注释

①畴昔：往昔。

②辇下：帝京，京城。

译文

云居舜和尚，字老夫。在庐山栖贤寺居住的日子里，因为郡守槐都官个人的怨恨，横遭不顺，于是着民之衣到帝京拜访大觉禅师。行到山阳（楚州）这个地方，因受大雪阻隔而住进旅店。一天夜里，有一个客人带着两个仆人带雪来到旅店，看见老夫如同老相识。过了一会，客人更衣拜于老夫之前。老夫问他是干什么的，客人说他从前在洞山随师修禅，今乃荷行李往汉阳干办事务的仆使，姓宋名荣。老夫与客人共同谈了往昔之事和罹难的原因，客人叹息不已。一大早就准备好早饭，赠送了五两白金给老夫，并叫来一个仆人，对老夫说："此人来往帝京好几次，道中所有间关崎岖屈转处一一备知，大师此去不必忧虑。"老夫由于得到客人的帮助得以到达帝京。通过这件事可以更加了解他们二人往常有多么存心忠厚。

（《九峰集》）

大觉曰："舜老夫赋性简直，不识权衡货殖^①等事，日有定课^②，曾不少易。虽炙灯扫地，皆躬为之。尝曰：'古人有一日不作，一日不食之戒。予何人也？虽垂老，其志益坚。'或曰：'何不使左右人？'老夫曰：'经涉寒暑，起坐不常，不欲劳之。'"舜老夫曰："传持此道，所贵一切真实。别邪正，去妄情，乃治心之实。识因果，明罪福，乃操履之实。弘道德，接方来，乃住持之实。量才能，请执事，乃用人之实。察言行，定可否，乃求贤之实。不存其实，徒炫虚名，无益于理。是故，人之操履惟要诚实。苟执之不渝^③，虽夷险可以一致。"

注释

①**货殖**：经商。

②**课**：即课诵，指寺院定时念持经咒、礼拜三宝及梵呗歌赞等法事。

③**渝**：改变。

译文

大觉说："舜老夫天性简单直截，不懂衡量、经商等事。每日工夫俱有一定的课诵，曾不少改，即使是点灯扫地之类的事也都亲自去做。他曾经说过：'古代人有一天不劳动，一天不得食的戒律。我是什么人？即使年事渐高，但意志更加坚强。'有人对他说：'为什么不使唤左右人呢？'老夫回答说：'经历寒暑，起坐不定，不想烦劳他们。'"舜老夫说："传播和坚持大道，最可贵的在于一切真实。区分不正派与正派，去除虚妄的情感，这是修养心性的本质。认识因果，明了罪福，这是品行的本质。弘扬道德，接引众生，这是住持的本质。根据才能选用某人从事某项工作，这是用人的本质。观察言行，然后决定可以不可以录用，这是寻求贤士的本质。实质不存在，只有虚名，对于理是没有好处的。所以，人的品行，唯要诚实。如果坚持这样的原则而不改变，即使有平坦险阻差别，也会同样应付自如。"

（《二事坦然庵集》）

原典

舜老夫谓浮山远录公①曰："欲究无上妙道，穷则益坚，老当益壮，不可循俗，苟窃声利，自丧至德。夫玉贵洁润，故丹紫莫能渝其质。松表②岁寒，霜雪莫能凋其操。是知节义为天下之大，惟公标致可尚，得不自强？

古人云：'逸翮③独翔，孤风绝侣。'宜其然矣。"

注释

①**浮山远录公**：舒州（今安徽潜山）浮山法远圆鉴禅师（？——〇六七年），郑州王氏子，嗣叶县省禅师。

②**表**：耐。

③**翮**：鸟的翅膀羽毛。这里指鸟。

译文

舜老夫对浮山远录公说："要探究最深妙的道理，穷困而意志应当更加坚强，年老而志气应当更加壮盛，不可随俗苟且，窃得名声利益而丧失自己的最高德行。玉的可贵在于它干净温润，所以丹紫二色也不能泯灭玉的这种特质。松耐尽寒威，所以霜雪也不能萎谢其青英。由此可知，气节正义为天下的最大德行。你远录公风度可赞，能不自强吗？古人说：'超迈的鸟独自飞翔，孤独的风断绝同伴。'做人也应该是这样的呢。"

（《广录》）

原典

浮山远和尚曰："古人亲师择友，晓夕不敢自怠，至于执爨①负舂、陆沉贱役未尝惮②劳。予在叶县备曾试之，然一有顾利害较得失之心，则依违③姑息，靡所不至。且身既不正，又安能学道乎？"

译文

浮山远和尚说："古代人亲师择友，一刻不敢自己怠懈，即使烧火、煮饭、舂米以及隐于市朝而从事贱役也不曾怕劳苦。我从前在叶县参省和尚时，备细而曾试之。一旦有了讲究利害、计较得失的心，那么诸如犹豫不决，无原则地宽容的事情就会全做出来。自身既然都不端正，又怎能学习大道呢？"

（《岳侍者法语》）

原典

远公曰："夫天地之间，诚有易生之物，使一日暴之，十日寒之①，亦未见有能生者。无上妙道昭昭然在于心目之间，故不难见。要在志之坚，行之力，坐立可待。其或一日信而十日疑之，朝则勤而夕则惮之，岂独目前难见，予恐终其身而背之矣。"

注释

①一日暴之，十日寒之：晒一天，冻十天。比喻工作、学习没有恒心，努力时少，懒怠时多。

译文

远公说："天地之间，确实有容易成活、生长的植物，晒它一天，冻它十天，也没有看到能够成长的。最深妙的道理明显地存在人的心田眼目之间，所以不难看见。关键在于意志要坚定，行动要努力。如此，随时随地都可获得最深妙的道理。而如果相信它一天，怀疑它十天，早上勤学它，晚上怕学它，结果不单是目前难看见最深妙的道理，我担心会终身离开它了。"

（《云首座书》）

原典

远公曰："住持①之要，莫先审取舍。取舍之极②定于内，安危之萌定于外矣。然安非一日之安，危非一日之危，皆从积渐，不可不察。以道德住持积道德，以礼义住持积礼义，以刻剥住持积怨恨。怨恨积则中外离背，礼义积则中外和悦，道德积则中外感服。是故，道德礼义洽③则中外乐；刻剥怨恨极则中外哀。夫哀乐之感，祸福斯应矣。"

注释

①**住持**：佛教僧职。原为久住护持佛法的意思。禅宗兴起后用为寺院主管之职称。

②**极**：准备。

③**洽**：协和，和睦。

译文

远公说："住持的根要在于不要事先去考虑取得什么和丢弃什么。取得和丢弃的准则是由内心决定，安全和危险的萌芽是由外在因素决定。然而，安全不是一日即可获得，危险也不是一日即会降临，它们都是逐渐积累而形成的，所以，对此不可不审察。按照道德去掌管寺院的住持，他们就会积累道德；按照礼义去掌管寺院的住持，他们就会积累礼义；而用冷酷无情的方式去掌管寺院的住持，他们就会积累怨恨。怨恨多了，大家就会背叛你；礼义多了，大家就会和悦相待你；道德多了，大家就会感激你，服从你。所以，道德礼义协和，里里外外就会快乐；刻薄怨恨极致，里里外外就会哀怨。哀怨将会感得灾祸，快乐则会感得幸福。"

原典

远公曰："住持有三要：曰仁，曰明，曰勇。仁者，行道德，兴教化，安上下，悦往来。明者，遵礼义，识安危，察贤愚，辨是非。勇者，事果决，断不疑，奸必除，佞必去。仁而不明，如有田不耕。明而不勇，如有苗不耘。勇而不仁，犹如刈①而不知种。三者备则丛林兴，缺一则衰，缺二则危，三者无一，则住持之道废矣。"

注释

①刈：割。

译文

远公说："住持要具备三个重要的素质：一是仁爱，二是贤明，三是勇敢。所谓仁爱，就是要实行道德，兴盛教化，安定众僧，应对和悦。所谓贤明，就是要遵循礼义，认识安危，明察贤愚，辨别是非。所谓勇敢，就是要处事果断，果断而不迟疑，邪恶谄媚的人一定要除去。虽然仁爱，但不贤明，这就好像有了田地而不去耕种。虽然贤明，但不勇敢，这就好像长了苗而不去除草。虽然勇敢，但不仁爱，就好像只知道收割，而不知道播种。仁爱、贤明、勇敢三者都具备了，丛林就会由此而兴盛。三个方面缺少了一个方面，丛林就会衰微；缺少了两个方面，丛林就会危险；而三个方面都没有，那么住持之道就废了。"

（《二事与净因臻和尚书》）

原典

远公曰："智愚，贤不肖，如水火不同器，寒暑不同时，盖素分①也。贤智之士，醇懿端厚，以道德仁义是谋，发言行事，惟恐不合人情，不通物理。不肖之者，奸险诈佞，矜己逞能，嗜欲苟利②，一切不顾。故禅林得贤者，道德修，纲纪立，遂成法席③。厕④一不肖者在其间，搅群乱众，中外不安，虽大智礼法，纵有何用？智愚，贤不肖，优劣如此尔，乌得不择焉？"

注释

①**素分**：平素的分定。

②**嗜欲苟利**：贪图物利。

③**法席**：原指佛说法的席座，这里引申能弘法度众有所成就。

④**厕**：置身于其间。

译文

远公说："聪明和愚笨，贤与不贤，如同水火不能同在一个器皿中，寒冬盛夏不能同在一个时季中，它们是平素分定的。德行好又聪明的人，淳朴纯一，端正忠厚，只谋求道德仁义，说话做事，只是恐怕不符合人情，不通达事理。而德行不好的人，邪恶阴险，狡诈谄媚，骄傲卖弄，贪图物利，不顾一切。所以禅林得贤者，道德就能修明，纲纪就能确立，于是就能成就法席。如果有一不贤者置身于禅林中间，那么就会搅乱群众，内外不能安宁，即使有最聪明的人以及礼法，又有什么用呢？聪明愚笨，贤与不贤，优劣是如此的分明，又怎么能不认真加以选择呢？"

（《惠力芳和尚书》）

原典

远公曰："住持居上，当谦恭以接下。执事在下，要尽情以奉上。上下既和，则住持之道通矣。居上者骄倨^①自尊，在下者怠慢自疏，上下之情不通，则住持之道塞矣。古德住持闲暇无事，与学者从容议论，靡所不至。由是一言半句载于传记逮今称之。其故何哉？一则欲使上情下通，道无壅蔽^②。二则预知学者才性能否，其于进退之间皆合其宜。自然上下雍肃^③，遐迩归敬，丛林之兴，由此致耳。"

注释

①倨：傲慢。

②壅蔽：隔绝，蒙蔽。

③雍肃：和谐庄重。

译文

　　远公说："处在领导位置的住持，应当谦虚恭敬地接引在下的众僧。在下面工作的众僧，要尽心尽力地奉事在上的住持。上下既已和谐，住持的道路就畅通了。如果在上的领导者傲慢自尊，在下的众僧怠慢疏忽，上下的情况不通畅，那么住持的道路就堵塞了。古代有德的住持在闲暇没事的时候，与学者从容议论所有事情。从这里可以知道，为什么要将古代有德的禅师哪怕是一言半句也在传记中记载而流传下来，并加以称赞。第一是要使上面的情况让下面的人通晓，这样上下的道路就不会隔绝。第二是要预先知道学者的才能、性格怎样，目的是使他们进退行事都符合适宜。这样，上下自然和谐庄重，远近自然皈依礼敬，丛林由此也可兴盛了。"

（《与青华严书》）

原典

远公谓道吾真①曰："学未至于道，炫耀见闻，驰骋机解②，以口舌辩利相胜者，犹如厕屋涂污丹膜③，只增其臭耳。"

注释

①**道吾真**：潭州（今湖南长沙）道吾寺可真禅师，嗣石霜圆禅师，南岳下十世。

②**机解**：机巧之心。

③**丹膜**：红色的涂漆。

译文

远公对道吾寺可真禅师说："修行尚未悟道，就炫耀自己的所见所闻，任凭机巧之心奔走争竞，凭借巧言辩论而相互取胜等等做法，如同往厕所涂抹红色的油漆，只会增加臭气而已。"

（《西湖记闻》）

原典

远公谓演首座①曰："心为一身之主，万行之本。心不妙悟，妄情自生；妄情既生，见理不明；见理不明，是非谬乱。所以治心须求妙悟，悟则神和气静，容敬色庄，妄想情虑皆融为真心矣。以此治心，心自灵妙，然后导物指迷，孰不从化？"

注释

①**演首座：**即蕲州（今湖北蕲春）五祖法演禅师（公元一〇二四——一一〇四年），绵州（今四川绵阳县）邓氏子，嗣白云端禅师，南岳下十三世。

译文

远公对法演首座说："心是一身的主体，一切行法的根本。心不能获得殊妙的觉悟，虚妄不实的情识就会自己产生。虚妄不实的情识既然已产生，就无法洞见真谛。不见真谛，是非就会混乱。所以修养心性就必须求得殊妙的觉悟。觉悟了精神就和悦安详，仪容气色就敬肃端重，而虚妄不实的情识都将消融为真实不妄的心。用这样的方法修养心性，心就会自然灵妙。然后就可以引导事物，指点迷津，如此谁又不被随缘教化呢？"

（《浮山实录》）

原典

五祖演和尚曰："今时丛林学道之士，声名不扬，匪为人之所信者，盖为梵行^①不清白，为人不谛当^②。辄或^③苟求名闻利养^④，乃广炫其华饰，遂被识者所讥。故蔽其要妙，虽有道德如佛祖，闻见疑而不信矣。尔辈他日若有把茅盖头，当以此而自勉。"

注释

①**梵行**：清净的行法。
②**谛当**：真直。
③**辄或**：即使。
④**名闻利养**：名声远闻与以利养身之意。

译文

五祖法演和尚说："现在禅林学道的人，不弘扬声名，不被人所信任，这大概是清净的行法不清不白，为人不真直。即使苟且求得名声和利益供养，也大都是浮华不实，于是被有知识的人所讥笑。所以说，真理的妙旨被蒙蔽，即使有道德如同佛祖一样，听到的见到的都是疑惑而全不相信了。如果你们有一天结个茅庵守护己身，应当以此勉励自己。"

(《佛鉴与佛果书》)

原典

演祖曰："师翁①初住杨岐，老屋败椽，仅蔽风雨。适临冬莫②，雪霰③满床，居不遑④处。衲子⑤投诚，愿充修造，师翁却之曰：'我佛有言，时当减劫⑥，高岸深谷迁变不常，安得圆满如意，自求称足？汝等出家学道，做手脚未稳，已是四五十岁，讵⑦有闲工夫，事丰屋耶？'竟不从。翌日上堂曰：'杨岐乍住屋壁疏，满床尽撒雪珍珠，缩却项⑧，暗嗟吁，翻忆古人树下居。'"

注释

①**师翁**：袁州杨岐山方会禅师（公元九九二——一〇四九年），宜春(今江西宜春)冷氏子，嗣慈明楚圆禅师，南岳下十世。

②莫:"暮"的本字。晚,将尽。

③霰:空中降落的白色不透明的小冰粒,常呈球形或圆锥形。

④遑:闲暇。

⑤衲子:僧徒的自称或代称。

⑥劫:梵语波 Kalpa 的略称,又称大时。原为古代印度婆罗门教极大时限之时间单位。佛教沿之,而视之为不可计算之长大年、月。

⑦讵:岂。

⑧项:颈的后部。

译文

演祖说:"师翁初住在杨岐山时,屋老椽烂,仅能蔽蔽风雨。如果遇到晚冬,下雪和冰粒,满床都会飘有雪花,这样的居住条件当然谈不上什么闲居。有僧徒致以诚心愿意修理房屋,师翁拒绝地说道:'我佛曾说,时当减劫,高岸深谷是变化不定的,怎么可以认为一切事情都是圆满如意并去追求这种满足呢?你们出家学习佛道,还不能稳妥地做事,转眼间已经是四五十岁的人了,难道有闲工夫去修理房屋吗?'师翁最终没有让僧徒修理那破房子。明日上堂示众说:'杨岐暂住,屋壁有很大的空隙，当下雪时，满床散落着如同珍珠一般的雪粒，缩着颈子，暗暗感叹，追忆佛祖菩提树下苦修的情景。"

（《广录》）

原典

演祖曰："衲子守心城，奉戒律，日夜思之，朝夕行之，行无越思，思无越行，有其始而成其终，犹耕者之有畔①，其过鲜矣。"

注释

①畔：田地的边界。

译文

演祖说："僧徒守护心的城郭，遵奉佛教戒律，日夜去思虑它，早晚去践行它。行动不超越思想，思想不超越行动。有好的开始，有成功的终结，如同耕田，中边俱到，荒怠之过就很少会发生了。"

演祖曰："所谓丛林者，陶铸圣凡，养育才器之地。教化之所从出，虽群居类聚，率而齐之，各有师承。今诸方不务守先圣法度，好恶偏情，多以己是革物，使后辈当何取法？"

译文

演祖说："所谓丛林，是陶冶铸造圣人和凡人，培养教育才能器局的地方。教化从这里产生，即使人们合群相聚，最终都整齐划一，各有相承的师法。现在众僧不专力遵守先圣法度，好恶偏情，多认为自己的主张是正确的。并想以此去改变事物，这样又使后辈应该如何选取法度呢？"

（《二事坦然集》）

原典

演祖曰："利生传道，务在得人，而知人之难，圣哲所病①。听其言而未保其行，求其行而恐遗其才。自非素与交游，备详本末？探其志行，观其器能，然后守道藏用者，可得而知。沽名饰貌者，不容其伪；纵其潜密，亦见渊源。夫观探详听之理，固非一朝一夕之所能，所以南岳让②见大鉴之后，犹执事十五秋。马祖③见让之时，亦相从十余载。是知先圣授受之际，固非浅薄所敢传持，如一器水传于一器，始堪克绍④洪规。如当家种草⑤，此其观探详听之理明验也。岂容巧言令色，便僻谄媚而充选者哉？"

注释

①**病**：忧。

②**南岳让**：南岳怀让禅师（公元六七七—七四四年），金州安康（今陕西省石泉南）杜氏子，嗣六祖大鉴禅师（惠能大师，范阳卢氏子，嗣五祖弘忍大师）。

③**马祖**：江西马祖道一禅师（公元七〇九—七八八年），汉州什邡县（今四川什邡县）马氏子，嗣南岳怀让禅师。

④**克绍**：能够继承。

⑤**种草**：是说人有佛性如同草有种子。

译文

演祖说："利益众生和传播佛道一定要得到人心，而不能了解人，是为圣哲所忧患的事。只听他的言语，又担心不能保证他的行为怎样；要求一个人的行为，又担心忽略他的才能。假如不是往常与人交往，又如何能完备详细地了解他的一切呢？探求他的志向和操行，观察他的度量和才能，然后严守道德，隐藏作用的人，就可被发现进而被了解。赚取名誉，文饰外表的人，是不被人所容许的。纵使他会潜藏不露，亦最终会暴露本质的。观察、探求和详细判断的道理，本来就不是一朝一夕能够做到的。所以南岳怀让见到大鉴禅师以后，仍然执侍巾瓶十五年。马祖道一见到怀让以后，也跟随怀让左右十几年。这说明先圣在授道和学道的时候，诚然不敢以浅薄的知识教导和接受教导，好像一个容器里的水传到一个容器中一样，这样才能够胜任继承大法的工作。如同家应有主人，人本有佛性一样，这就是观察、探求和详细判断之道理的明显验证。难道容许那些花言巧语、假装和善、善于逢迎谄媚的人充斥到选择者的行列中吗？"

（《圆悟书》）

原典

演祖曰："住持大柄在惠与德，二者兼行，废一不可。惠而罔德则人不敬，德而罔惠则人不怀。苟知惠之可怀，加其德以相济，则所敷①之惠，适②足以安上下，诱四来。苟知德之可敬，加其惠以相资，则所持之德，适足以绍③先觉，导愚迷。故善住持者，养德以行惠，宣惠以持德。德而能养则不屈，惠而能行则有恩。由是德与惠相蓄④，惠与德互行。如此则德不用修而敬同佛祖，惠不劳费而怀如父母。斯则湖海有志于道者，孰不来归？住持将传道德，兴教化，不明斯要，而莫之得也。"

注释

①**敷**：布、施。

②**适**：应当。

③**绍**：继承。

④**蓄**：储藏，蓄养。

译文

演祖说："住持最根本的在于惠与德。这二者要同时实行，废除哪一个都不可以。有惠而无德，人家不会恭敬你；有德而无惠，人家不会归向你。如果知道惠可以怀柔他人，再加上有德的相助，那么你所施之惠，应当足以安顺上下，诱引四方之众；如果知道德能起到让人恭敬的作用，再加上有惠的相助，那么你所拥有的德，应当足以继承先觉的法统，开导愚迷的人。所以一个好的住持要培养德以施行惠，宣传惠以保持德。能够培养德就不会屈服，能够施行惠就会有恩泽。由此可知，德与惠相互蓄养，惠与德相互并行。如果这样，就不用修养德也会受到如同恭敬佛祖一样的恭敬，就不用费神施行惠也会获得如同怀念父母一样的怀念。这样一来，天下有心向道的人，谁不来归附呢？将要传播道德，兴盛教化的住持，如不明白这个要旨，就不会有所得。"

（《与佛眼书》）

原典

演祖自海会迁东山，太平佛鉴、龙门佛眼①二人诣②山头省觐③。祖集耆旧主事，备汤果夜话。祖问佛鉴："舒州熟否？"对曰："熟。"祖曰："太平熟否？"对曰："熟。"祖曰："诸庄共收稻多少？"佛鉴筹虑间，祖正色厉声曰："汝滥为一寺之主，事无巨细，悉要究心，常住岁计，一众所系。汝犹罔知，其他细务，不言可见。山门执事知因识果，若师翁辅慈明④师祖乎？汝不思常住物重如山乎？"盖演祖寻常机辩峻捷，佛鉴既执弟子礼，应对含缓乃至如是。古人云，师严然后所学之道尊。故东山门下子孙多贤德而超迈者，诚源远而流长也。

①**太平佛鉴、龙门佛眼**：舒州太平佛鉴慧勤禅师（公元一〇五九——一一一七年），龙门佛眼清远禅师（公元一〇六七——一一二〇年），二人并嗣五祖演禅师，南岳下十四世。

②**诣**：到。

③**省觐**：探望。

④**慈明**：潭州（今湖南长沙）石霜楚圆禅师（公元九八七——一〇四〇年），金州（今陕西安康市）李氏子，嗣汾阳善昭禅师，南岳九世。

译文

正值演祖自舒州海会寺移席往东山之日，太平佛鉴慧勤禅师和龙门佛眼清远禅师往东山探望演祖。演祖召集本寺中的老旧主事，准备了汤菜、水果，要与佛鉴、佛眼彻夜长谈。演祖问佛鉴："舒州成熟了没有？"佛鉴回答道："成熟了。"演祖问："太平成熟了没有？"佛鉴回答道："成熟了。"演祖问："各庄一共收了多少稻子？"佛鉴计算思考了一段时间，演祖用严厉的神色大声说道："你虚为一寺之主，事情不分大小，你都要彻底推求，常住一年的收支，是大众办道维系的根本，你尚且都不清楚，至于其他细节事务，就不用说，你一定是糊里糊涂。寺院执事，知因识果，能像杨岐师翁辅弼慈明师祖，始于南院终于兴化三十年那样吗？你不思常住物，哪怕粒米也重如山吗？"演祖平常就机警、严峻、敏捷，佛鉴既然执着弟子礼不放，对答又如此迟缓，所以理所当然地遭到了演祖的训斥。古时候人说，师父严格，学生所学的学问道德才有尊严。所以东山禅门下的子孙中有很多贤明道德和超凡的人，真是源远流长，连续不断啊！

（《耿龙学与高庵书》）

原典

演祖见衲子有节义而可立者，室中峻拒不假辞色，察其偏邪谄佞，所为猥屑①不可教者，愈加爱重，人皆莫测。呜乎，盖祖之取舍必有道矣。

注释

①**猥屑**：琐碎烦杂。

译文

演祖发现讲礼义，并显得将来可以有所成就的僧徒，往往在禅房中毫不留情地严厉拒绝他们。而观察到行为不正，言语诌媚，做事琐碎烦杂，显得不可教化的僧徒，他反而更加爱惜重视他们。人们都无法猜度到演祖的用心。是啊！演祖用什么人，不用什么人，一定有他自己的原则和道理。

（《耿龙学跋法语》）

原典

演祖曰："古人乐闻己过，喜于为善。长于包荒^①，厚于隐恶。谦以交友，勤以济众。不以得丧二其心，所以光明硕大，照映今昔矣。"

注释

①包荒：宽容，原谅。

译文

演祖说："古代人乐意听到自己的过错，喜欢行善。擅长宽容，推崇隐恶。谦虚交友，努力救众。不以得到丧失而分裂干扰自己的心志，所以古代人这种光明硕大的德行，从古到今一直互为辉映。"

（《答灵源书》）

原典

演祖谓佛鉴曰："住持之要，临众贵在丰盈，处己务从简约，其余细碎，悉勿关心。用人深以推诚，择言故须取重。言见重，则主者自尊；人推诚，则众心自感。尊则不严而众服，感则不令而自成。自然贤愚各通其怀，小大皆奋其力，与夫持以势力，迫以驱喝，不得已而从之者，何啻①万倍哉？"

注释

①啻：止，仅。

译文

演祖对佛鉴说："住持的根要在于，待众时贵在丰富充满，而对待自己一定要简朴节约。至于其他细碎的事情，都无须关心。任用人要推许真诚，选择言语当须择取重要的。说话能掌握重点，住持自然位尊；用人特重真诚，那么众心自会受到感化。尊重而不严厉，那么众人就会信服你；感化而不命令，那么众人就会自己成就自己。这样一来，聪明的人和愚笨的人理所当然地就会各自通顺他们的心怀，不管能力大小的人都会努力奋斗。这同凭借势力去强迫、驱使他人不得不依从自己的那种人的做法，相差何止万倍！"

（《与佛鉴书》见《蟾侍者日录》）

原典

演祖谓郭功辅①曰："人之性情固无常守，随化日迁。自古佛法虽隆替有数，而兴衰之理，未有不由教化而成。昔江西、南岳诸祖之利物也，扇②以淳风，节③以清净，被④以道德，教以礼义，使学者收视听，塞邪僻，绝嗜欲，忘利养。所以日迁善远过，道成德备而不自知。今之人不如古之人远矣！必欲参究此道，要须确志勿易，以悟为期，然后祸患得丧付之造物，不可苟免。岂可预忧其不成而不为之耶？才有丝毫顾虑萌于胸中，不独今生不了，以至千生万劫⑤，无有成就之时。"

注释

①**郭功辅**：讳正详号净空居士，官至提刑，嗣白云守端禅师。

②**扇**：扇扬，播扬。

③**节**：指为人的操守。

④**被**：怀抱，深藏。

⑤**万劫**：佛教称世界从生成到毁灭的一次过程叫"一劫"。万劫，即言时间之极长。

译文

　　演祖对郭功辅说："人的性情不是固定不变的，而是随时变化、日日移迁的。自古以来，虽然佛法兴废有气数，但兴衰的道理，没有不是通过教化而成的。从前江西马祖、南岳怀让以及诸祖利生接人之时，播扬淳朴敦厚的风气，清净的节操。用道德去怀抱众生，用礼义去教化众生，从而使学道的人约束视听，堵塞邪僻，断绝嗜欲，忘却贪利。所以日益趋向美善而远离过错，成就完备了道德而自己全然不知道。现代的人远不如古代的人了。一定要探究并领会这一道理，重要的是必须确定志向而不改变，以觉悟为目的。然后把祸患得失都交给造化之物，不可苟且求免。难道可以预先担忧事情不会成功而就不去做了吗？才有丝毫顾虑在心中萌发，不仅今生不能明心见性，而且以至于千生万世都没有成就的时候。"

（《坦然庵集》）

功辅自当涂（太平州也）绝①江访白云端②和尚于海
会，白云问公：“牛淳③乎？”公曰：“淳矣。”白云叱之，
公拱而立。白云曰：“淳乎？淳乎？南泉、大沩无异此
也。”仍赠以偈曰：“牛来山中，水足草足。牛出山去，东
触西触。”又曰：“上大人化三千，可知礼也。”

注释

①绝：渡。

②白云端：白云守端禅师（公元一○二四——一○七
二年），衡阳（今湖南衡阳市）葛氏子，嗣杨岐方会禅师，
南岳下十三世。

③淳：大。

译文

郭功辅从当涂太平州渡江去海会拜访白云守端和
尚。白云问郭功辅：“牛大吗？”郭功辅回答说：“长大
了。”白云呵斥功辅，功辅两手合抱站立着。白云说：
“大吗？大吗？南泉普愿禅师、大沩灵祐禅师与此没有
两样。”复赠以一偈：“牛来山中，水足草足。牛出山去，
东触西触。”又说：“上德的人通力变现三千诸法，可知礼

了。"

（《行状》）

原典

白云谓功辅曰："昔翠岩真点胸^①耽味禅观^②，以口舌辩利呵骂诸方，未有可其意者，而大法实不明了。一日，金銮善侍者，见而笑曰：'师兄参禅虽多而不妙悟，可谓痴禅矣。'"

注释

①**真点胸**：洪州（今江西南昌市）翠岩可真禅师，福州人，嗣石霜楚圆禅师。

②**禅观**：坐禅观法。指坐禅时修行种种观法。

译文

白云对郭功辅说："从前翠岩可真点胸禅师深切体会坐禅观法的味道，他口齿伶俐，呵骂四方，但没有可取的长处和意义，而且确实不明了大法。一天，金銮寺的善侍者，看到可真点胸笑着说：'师兄你参禅虽多，但不能妙悟，可谓痴禅了。'"

（《白云夜话》）

原典

白云曰："道之隆替岂常耶？在人弘之耳。故曰，操①则存，舍则亡。然非道去人，而人去道也。古之人处山林，隐朝市，不牵于名利，不惑于声色，遂能清振一时，美流万世。岂古之可为，今之不可为也？由教之未至，行之不力耳。或谓古人淳朴故可教，今人浮薄故不可教，斯实鼓惑之言，诚不足稽②也。"

注释

①操：握，拿。
②稽：稽考，计较。

译文

白云说："道的隆兴更替，难道是恒常不变的吗？而是在于人去弘扬它罢了。所以说，把握住它就存在，舍弃它就不存在。然而，不是道离开人，而是人离开道。古时候人居住在山林，隐匿于都会，不被名利所牵绕，不被声色所迷惑，于是能清明振兴当时，美德万世流芳。难道古人可以做到，今人就不可以做到吗？而是由于教化没有施行，施行了也不努力罢了。或者认为古人

淳厚朴实，可以教化，而今人浮华浅薄，所以不可以教
化，这实在是鼓惑的言辞，确实不足稽考。"

（《答功辅书》）

原典

白云谓无为子^①曰："可言不可行，不若勿言。可行
不可言，不若勿行。发言必虑其所终，立行必稽其所蔽，
于是先哲谨于言，择于行，发言非苟显其理，将启学者
之未悟。立行非独善其身，将训^②学者之未成。所以发言
有类^③，立行有礼，遂能言不集祸，行不招辱。言则为
经，行则为法。故曰，言行乃君子之枢机，治身之大本。
动天地，感鬼神，得不敬乎？"

注释

①**无为子**：姓杨名杰字初公号无为居士，无为州
人，官至礼部，嗣天衣怀禅师。

②**训**：教诲。

③**类**：法式。

译文

白云对无为子说："可以说，却不可以行，不如不

说。可以行，却不可以说，不如不行。发表意见一定要考虑到它的结果，确立行动一定要查考它的遮蔽，于是先哲言语谨慎，择取善行。发表意见不是苟且显示道理，而是要启发学者有所开悟。确立行动不是独自修养品德，而是教诲学者有所成就。所以发表意见有法式，确立行动有标准，就能做到说话不惹灾祸，行动不招耻辱。言语成为规范，行动成为法则。所以说，言行是有德有才的关键，是修养身心的根本。有感动天地鬼神的言行，怎么能得不到敬重呢？"

（《白云广录》）

原典

白云谓演祖曰："禅者智能，多见于已然，不能见于未然。止观定慧①，防于未然之前。作止任灭，觉于已然之后。故作止任灭所用易见，止观定慧所为难知。

"惟古人志在于道，绝念于未萌。虽有止观定慧、作止任灭，皆为本末之论也。所以云，若有毫端许言于本末者皆为自欺。此古人见彻处，而不自欺也。"

注释

①**止观定慧**："止"，梵文 Śamatha（奢摩他），亦译

为"止寂"或"禅定";"观",梵文 Vipaśyanā（毗婆舍那），意为智慧。"禅定"和"智慧"之并称。佛教修习的重要方法。"止"是使所观察对象"住心于内",不分散注意力;"观"是在"止"的基础上,集中观察和思维预定的对象,得出佛教的观点、智慧或功德。

译文

白云守端禅师对演祖禅师说:"修禅的人具有智慧才能,然而大多在已成为事实时发现,而无法于事先无迹象的事理去鉴照。因此要修止观定慧四种功夫,用来防范未萌生的念头发生。作善、止恶、任缘、灭妄的作用易见,但止念、观理、定心、慧照是了无痕迹,很难觉知的。

"唯独古人求道心切,所有的念头都专注于道,因此能于妄念未萌之前就迅速断绝。虽然有止观定慧、作止任灭这八种方法,他们也不需要了,这些都是有对治的言论。因此,有涉及对治的本末法都是欺心之谈。古人心无二用,没有所谓恶念已萌未萌,他们的智慧是如何澄澈啊!诚然他们是一点也不自欺!"

（《实录》）

原典

白云曰："多见衲子未尝经及远大之计，予恐丛林自此衰薄矣。杨岐先师每言：'上下偷安，最为法门大患。'予昔隐居归宗①书堂，披阅②经史不啻数百。过目其简编弊故极矣，然每开卷，必有新获之意。予以是思之，学不负人如此。"

注释

①**归宗**：寺名，在庐山之南。
②**披阅**：翻阅。

译文

白云说："现在的僧徒没有筹划远大的计划是常见的事了，我担心丛林从此就要衰微了。杨岐先师每每说道：'在上者在下者都只图眼前的安逸，是法门的最大祸患。'我从前在归宗书堂隐居的时候，翻阅经史不止数百篇。有的由于细读频翻，书册都变成破旧不堪，但每次开卷阅读，一定会获得新的理解。我由此想到，学习是不会辜负人的。"

（《白云实录》）

白云初住九江承天，次迁圆通，年齿甚少。时晦堂^①在宝峰，谓月公晦^②曰："新圆通洞彻见元，不忝^③杨岐之嗣。惜乎发用太早，非丛林福。"公晦因问其故，晦堂曰："功名美器，造物惜之，不与人全。人固欲之，天必夺之。"逮白云终于舒之海会，方五十六岁。识者谓，晦堂知几知微，真哲人矣！

注释

①**晦堂**：黄龙祖心宝觉禅师（公元一〇二五——一一〇〇年），南雄（今广东始兴）邬氏子，嗣黄龙南禅师，南岳下十二世。

②**月公晦**：讳晓月，字公晦，得法于琅琊觉禅师。

③**忝**：辱，有愧于。

译文

白云起初住在九江承天寺，后又迁到圆通寺，当时他很年轻。那时晦堂在宝峰，对月公晦说："圆通能透彻看见事物的本源，不愧是杨岐的传人。可惜的是，他发机太早，不是丛林的福气。"月公晦问为什么这样讲，晦堂说："功名和精美的器物，造物者很珍惜它，是不会完全赋予人的。人一定要它，天一定要夺它。"白云最后在舒州海会寺圆寂，年仅五十六岁。有见识的人说，晦堂认识事物精微，真是哲人呢！

（《湛堂记闻》）

原典

晦堂心和尚参月公晦于宝峰，公晦洞明《楞严》深旨，海上独步。晦堂每闻一句一字，如获至宝，喜不自胜。衲子中间有窃议者，晦堂闻之曰："扣彼所长，砺我所短，吾何慊^①焉？"英邵武^②曰："晦堂师兄道学为禅衲所宗，犹以尊德目胜为强，以未见未闻为愧，使丛林自广而狭于人者有所矜式^③，岂小补哉？"

注释

①**慊**：自满。

②**英邵武**：隆兴府（今江西南昌）洪英禅师，邵武陈氏子，嗣黄龙南禅师。

③**矜式**：敬重和取法。

晦堂心和尚在宝峰参学月公晦。公晦明了《楞严经》深刻的要旨，独步丛林，无人可比。晦堂每听一句一字，如获至宝，欢喜之极。僧徒中有暗地议论的人，晦堂听到了这件事以后说道："减除他人的长处，磨掉我的短处，我有什么自满的呢？"英邵武说："晦堂师兄的道德学问被禅僧所宗奉，尤以尊奉德性，且能够自我战胜才是真正的强大，把没有看到的，没有听到的事情视为惭愧，使丛林中那些自负自广以及对人持狭隘之心的人有所敬重和取法，这难道是小的影响吗？"

（《灵源拾遗》）

原典

晦堂曰："住持之要，当取其远大者，略其近小者。事固未决，宜谘询于老成之人。尚疑矣，更扣问①于识者，纵有未尽，亦不致甚矣。其或主者，好逞私心，专自取与，一旦遭小人所谋，罪将谁归？故曰，谋在多，断在独。谋之多，可以观利害之极致；断之在我，可以定丛林之是非也。"

注释

①扣问：询问。"扣"同"叩"。

译文

晦堂说："住持的根要，应当选取远大的事情来做，对于不重要的事情不必较论。对不能做出决断的事情，应向经历多，做事稳重的人谘询。对还有疑问的事情，更应向有见识的人询问，即使有不尽人意的地方，也不至于太过分。但是有的住持好放任私心，单凭个人意愿来收取和给予，一旦遭到小人的谋算，罪恶将归于谁呢？所以说，谋划在于多听取众人的意见，决断在于凭着住持之尊，去下公正的定论。谋划在众，可以观察利害的全部；决断在我，可以判定丛林的是非。"

（《与草堂书》）

原典

晦堂不赴沩山请，延平①陈莹中②移书勉之曰："古人住持无职事，选有德者居之。当是任者，必将以斯道觉斯民，终不以势位声利为之变。今学者大道未明，各趋异学，流入名相，遂为声色所动，贤不肖杂糅不可别白。正宜老成者，恻隐存心之时，以道自任，障回百川，固无难矣。若夫退求静谧，务在安逸，此独善其身者所好，非丛林所以望公者。"

注释

①**延平**：县名，城在今福建南平县西南。

②**陈莹中**：陈了翁，名瓘字莹，又号华严居士，沙县人，宋徽宗时登进士，初任延平，后为丞相。

译文

晦堂没有接受沩山的邀请，延平县的陈莹中在给晦堂的书信中勉励道："古时的住持不掌管事务，选择有德的人在寺院居住。担当这样任务的人，必将会用这种道去启发带动这些人，终究不会因为势位声利而为之改变。现在的学人，没有明白大道而各自趋向不同的学问，流入名相之中，于是被声色所驱动，贤与不贤的人杂糅在一起而不能区分明白。正真而又经历多，做事稳重的人，怀着无量悲心，以弘道为己任，即便有百川障隔，又有何困难可言？退而求得静谧和安逸，这是独自修养品德的人所喜欢的，但是丛林并不希望你这样做。"

（出《灵源拾遗》）

晦堂一日见黄龙有不豫之色，因逆问①之。黄龙曰：“监收②未得人。”晦堂遂荐感副寺。黄龙曰：“感尚暴，恐为小人所谋。”晦堂曰：“化侍者稍廉谨。”黄龙谓：“化虽廉谨，不若秀庄主有量而忠。”灵源尝问晦堂：“黄龙用一监收，何过虑如此？”晦堂曰：“有国有家者，未尝不本此，岂特黄龙为然？先圣亦曾戒之。”

注释

①逆问：以下而问上谓之逆问。

②监收：司寺产收入及租税的僧人。

译文

晦堂有一天看到黄龙有不悦乐的表情，因而迎上去问黄龙是怎么回事。黄龙说：“寺院没有管理寺院经济事务的人。”晦堂于是向黄龙推荐寺院副监寺感。黄龙说：“感这个人脾气暴躁，恐怕被小人所谋算。”晦堂说：“化侍者比较廉洁谨慎。”黄龙认为化这个人虽然廉洁谨慎，但不如秀庄主有气量、有忠心。灵源惟青禅师曾经问过晦堂：“黄龙任用一个监收，为什么如此过分考虑呢？”

晦堂说："治理国家和家庭的人，没有不根据这样的原则，难道只是黄龙是这样的吗？先圣也曾用人谨慎。"

（大沩秀、双岭化、感铁面三人也。《通庵壁记》）

原典

晦堂谓朱给事世英①曰："予初入道，自恃甚易，逮见黄龙先师后，退思日用与理矛盾者极多，遂力行之三年，虽祁寒溽暑②，确志不移，然后方得事事如理。而今咳唾掉臂，也是祖师西来意③。"

注释

①**朱给事世英**：名显谟，字世英，仕至给事。

②**祁寒溽暑**：大寒大暑。

③**祖师西来意**：初祖达磨自西天来中土传禅法，究竟意思如何？究此意思的，即究佛祖的心印。

译文

晦堂对朱世英给事说："我开始入道的时候，过分自信学道很容易，见到了黄龙先师以后，退而自省每日应用，但言行与理发生了很多矛盾，于是我努力践行了三年，即使是大寒大暑之天也立志不移，然后才做到了事理不违。而今咳唾甩臂，也是达磨西来传法的心意。"

原典

朱世英问晦堂曰："君子不幸小有过差，而闻见指目[1]之不暇。小人终日造恶，而不以为然，其故何哉？"晦堂曰："君子之德比美玉焉，有瑕生内必见于外，故见者称异，不得不指目也。若夫小人者，日用所作无非过恶，又安用言之？"

注释

①**指目：**手指而目视，犹言瞩目。

译文

朱世英问晦堂："有德有才的君子不幸有了小的差错，人们听到了看到了就瞩目他们，甚至达到了手来不及指、眼来不及看的程度。无德无才的小人终日作恶，但人们却不当作一回事。这是什么原因呢？"晦堂说："君子的品德好比美玉，内有瑕疵，在外面一定能看到，所以看到的人很惊异，不得不瞩目。而无德无才的小人，日常所做的全是错事恶事，这哪里又值得言说呢？"

（《章江集》）

原典

晦堂曰："圣人之道，如天地育万物，无有不备于道者；众人之道，如江河淮济，山川陵谷，草木昆虫，各尽其量而已，不知其外无有不备者。夫道岂二耶？由得之浅深，成有小大耶！"

译文

晦堂说："圣人的道，如同天地育养万物，是全备合符自然法则的。众人的道，如同江河淮济，山川陵谷，草木昆虫，虽有不同，而所存之理都各尽己量而已，不知道在他们以外还有全备的存在。难道有两个道吗？其实是由于得道的深浅，才形成有大小之道的不同啊！"

（《答张无尽书》）

原典

晦堂曰："久废不可速成，积弊不可顿除，优游不可久恋，人情不能恰好，祸患不可苟免。夫为善知识①达此五事，涉世可无闷矣。"

注释

①**善知识**：这里的"知识"，不是通常意义上的知识，而是一种人称。在佛教文献里，通常把具有较高的道德学问的僧人（以及某些居士）称之为"善知识"。

译文

晦堂说："废弃很久的事情不可以速成，积弊很深的事情不可以顿除，悠闲不可久恋，人情不能正好，祸患不可苟免。善知识能达到这五种事，经历世事就会免害了。"

（《与祥和尚书》）

原典

晦堂曰："先师进止严重，见者敬畏。衲子因事请假，多峻拒弗从。唯闻省侍亲老，气色穆然见于颜面，尽礼津遣①。其爱人恭孝如此。"

①**津遣：**由津渡而发送。

译文

晦堂说："先师的一切行为都显得严肃庄重，看到他的人都很敬重畏惧他。僧徒有事向他请假，多遭到他的严厉拒绝而不批准。只有听到是要去探望亲人老者的事，先师才和颜悦色，而且尽按礼节送到渡口。他就是如此地爱惜有恭敬孝顺之心的僧徒。"

（《与谢景温书》）

原典

晦堂曰："黄龙先师昔同云峰悦①和尚夏居荆南凤林②。悦好辩论，一日与衲子作喧，先师阅经自若，如不闻见。已而，悦诣先师案头，瞋目责之曰：'尔在此习善知识量度耶？'先师稽首谢之，阅经如故。"

注释

①**云峰悦：**南岳云峰文悦禅师，南昌徐氏子，嗣大愚守芝禅师，南岳下十一世。

②**荆南凤林**：荆州（今属湖北）凤林寺。

译文

晦堂说："黄龙先师从前同云峰文悦和尚行脚时结夏安居于荆州凤林寺。文悦禅师喜欢辩论，有一天与僧徒喧闹起来，黄龙先师神态自若地阅读佛经，像没有听见他们喧闹似的。过了一会，悦禅师前往先师的几案旁，睁大眼睛叱责先师道：'你在这里学习善知识的量度吗？'先师作礼谢拜，然后仍复阅经如故。"

（《灵源拾遗》）

原典

黄龙南和尚曰："予昔同文悦游湖南，见衲子担笼行脚①者，悦惊异蹙頞，已而呵曰：'自家闺阁中物不肯放下，返累及他人担夯②，无乃太劳乎？'"

注释

①**行脚**：即行脚僧，亦名云水。因其随处参访，行踪无定，如行云流水，故名。

②**夯**：背负为夯。

黄龙南和尚说："我从前同文悦禅师游历湖南的时候，见到担着箱笼的行脚僧，文悦惊异地皱起鼻梁，后来大声斥责道：'不肯放下自家闺房的东西，反而带累他人担扛，难道不是太劳苦他人了吗？'"

（《林间录》）

原典

黄龙曰："住持要在得众，得众要在见情。先佛言，人情者为世之福田①。盖理道所由生也。故时之否泰②，事之损益③，必因人情。情有通塞，则否泰生；事有厚薄，则损益至。惟圣人能通天下之情，故《易》之别卦，乾下坤上则曰泰，乾上坤下则曰否，其取象。损上益下则曰益，损下益上则曰损。夫乾为天，坤为地，天在下而地在上，位固乖矣，而返谓之泰者，上下交故也。主在上而宾处下，义固顺矣，而返谓之否者，上下不交故也。是以，天地不交，庶物不育。人情不交，万事不和。损益之义，亦由是矣。夫在人上者，能约己以裕下，下必悦而奉上矣，岂不谓之益乎？在上者蔑下而肆诸己，下必怨而叛上矣，岂不谓之损乎？故上下交则泰，不交则否。自损者人益，自益者人损。情之得失，岂容易乎？

先圣尝喻人为舟，情为水。水能载舟，亦能覆舟，水顺舟浮，违则没矣。故住持得人情则兴，失人情则废。全得而全兴，全失而全废。故同善则福多，同恶则祸甚。善恶同类，端如贯珠④；兴废象行，明若观日。斯历代之元龟⑤也。"

注释

①福田：世间生长和收获福善，如农民播种田地，有收获之利。

②否泰："否"（䷋）、"泰"（䷊），卦名。天地交（相互交合）谓之"泰"，不交谓之"否"。"泰"则亨通，"否"就失利。

③损益："损"（䷨）、"益"（䷩），卦名。"损"是减的意思，"益"是增的意思。

④端如贯珠：正如贯穿的珠子。

⑤元龟：借鉴。

译文

黄龙说："住持的根要在于得到众人的心，得到众人的心重要在于显现人情。先佛认为，人情是世间获取福善的原因，也是道理所以产生的缘由。所以，时世的失利亨通，世事的减损增益，一定依凭人情。情有畅通堵塞，时世就相应地有亨通失利。事有厚实薄轻，世事就相应地有增益减损。唯有圣人能通达天下人的人情，所以，《易》之别卦上说，乾下坤上就叫泰，乾上坤下就叫否，这就是它们取得的卦象。损上益下就叫益，损下益上就叫损。乾象征天，坤象征地，天在下而地在上，这岂不是错位了吗？而反转过来就叫作泰，这是天地相互交合的缘故。主人在上而宾客在下，适合事理就一定顺畅。天地位置反了就叫作否，这是天地不相互交合的缘故。所以，天地不相互交合，万物就不能化育。人情不相互交合，万事就不和谐。损益的意思也是同样。在上的人如能对自己俭省并使在下的富足，那么，在下的人一定会愉悦，从而去奉事在上的人，这难道不叫增益吗？在上的人如蔑视在下的人并且放纵自己，那么，在下的人一定会怨恨，从而背叛在上的人，这难道不叫减损吗？所以，上下相互交合就亨通，上下不相互交合就失利。自己减损自己的人，别人就会增益。自己增益自己的人，别人就会减损。人情的得与失，难道是容易的事吗？先圣曾经把人比喻为船，把情比喻为水，水能载浮船，同时也能翻覆船。水顺畅，船就漂浮，违反水性，船就沉没。所以，住持得到人情就兴盛，失掉人情就衰微。完全得到人情就全面兴盛，完全失掉人情就全面衰微。所以，共同美善，幸福就多，共同坏恶，灾祸就大。善恶是同一个种类，正如同贯穿的珠子。兴盛衰微的表现和行迹，好像阳光那样明亮。所有这些是历代住持应该借鉴的。"

（《与黄檗胜书》）

原典

黄龙谓荆公①曰："凡操心所为之事，常要面前路径开阔，使一切人行得，始是大人用心。若也险隘不通，不独使他人不能行，兼自家亦无措足之地矣。"

注释

①**荆公**：姓王名安石，字介甫，临川（今属江西）人，宋神宗熙宁三年（公元一○七○年）拜相，封荆国公，世称荆公。

译文

黄龙对荆公王安石说："凡是劳神用心考虑要做的事，常常要面前的道路开阔，使一切人都能行走，才是大人的用心。如果道路险要不通畅，不只是使别人不能行走，而且也使自己没有立足的地方了。"

（《章江集》）

原典

黄龙曰："夫人语默举措，自谓上不欺天，外不欺人，内不欺心，诚可谓之得矣。然犹戒谨乎独居隐微之间，果无纤毫所欺，斯可谓之得矣。"

译文

黄龙说："人或语或默以及举动止措之间，要自觉做到上不欺骗天，外不欺骗人，内不欺骗心，这真可以称得上有所得了。然而犹应戒谨于独居隐微之间，果真没有一点欺骗，这可谓有所得了。"

（《答荆公书》）

原典

黄龙曰："夫长老①之职乃道德之器。先圣建丛林，陈纪纲，立名位，选择有道德衲子，命之曰长老者，将行其道德，非苟窃是名也。慈明先师尝曰：'与其守道老死丘壑，不若行道领众于丛林。'岂非善守长老之职者？则佛祖之道德存欤？"

①**长老**：佛教对释迦上首弟子的尊称，也用于称呼年长德尊者。又为住持僧的尊称。

译文

黄龙说："长老的职位乃是以道德来度量的。先圣建立丛林，宣扬法制，确立名位，选择有道德的衲子，命名他为长老。长老是将来推行道德的，而不是苟且盗取这个名位的。慈明先师曾经说：'与其守持道德而老死在山沟，不如在丛林奉行道德，统领大众。'这难道不是很好地守住了长老的职位了吗？如此，佛祖的道德不就保存了吗？"

(《与翠岩真书》)

原典

黄龙谓隐士潘延之①曰："圣贤之学非造次②可成，须在积累。积累之要，惟专与勤，屏绝嗜好，行之勿倦，然后扩而充之，可尽天下之妙。"

①**潘延之**：名兴嗣，自号清逸居士，与王安石善。

②**造次**：匆忙，急遽。

译文

黄龙对隐士潘延之说："圣贤的学问不是匆忙可以成就的，必须通过积累。积累的根要唯有专一与勤奋，摒弃、断绝嗜好，并行之不倦，然后扩大充实它，这样就可以尽备天下的妙道。"

（《龙山广录》）

原典

潘延之闻黄龙法道严密，因问其要，黄龙曰："父严则子敬。今日之规训，后日之模范也。譬治诸地，隆者下之，洼者平之。彼将登于千仞之山，吾亦与之俱；困而极于九渊之下，吾亦与之俱。伎之穷，妄之尽，彼则自休也。"又曰："姁之姁之①，春夏所以生育也；霜之雪之，秋冬所以成熟也。吾欲无言，可乎？"

①**姁之妪之**：天以气姁，地以形妪，乃阴阳相得覆
育万物。"姁妪"亦作"煦妪"，爱抚、养育。

译文

潘延之听说黄龙法道严密，因而向黄龙询问法道严
密的根要。黄龙说："父亲严格，子女就恭敬。现在的
规则戒训，是今后的模范。譬如治理土地，凸隆的地方
就用铲锹将它削去，使之平整，凹陷的地方就用土石将
它填平。你登上千仞的高山，我也与你同在；你困在极
深的水中，我也与你同在。待有为的伎俩穷尽，妄想也
就灭绝了，那时候万事自休，心性调柔，自然能接受教
诲。"黄龙又说："由于得到阴阳的覆育，万物所以在春夏
生育；霜雪的扑打，万物所以在秋冬成熟。我既居师席，
怎能缄默无言，而不有所训诫呢？"

（《林间录》）

原典

黄龙室中有三关语①。衲子少契其机者，脱②有酬
对，惟敛目危坐，殊③无可否。延之益扣之。黄龙曰："已

过关者，掉臂而去，从关吏问可否，此未透④关者也。"

注释

①**三关语**：黄龙每见衲子投参，便问"人人有个生缘，上座生缘在什么处？""我手何似佛手？""我脚何似驴脚？"此语谓之三关语。

②**脱**：倘或，或许。

③**殊**：绝。

④**透**：通过。

译文

黄龙在室中每见衲子投参，便问人人有个生缘，上座生缘在什么处等问题，很少有能契合其玄机的。倘或有人能解释应对的，黄龙只肃敬端坐在那里，绝不置可否。潘延之更加要询问个究竟。黄龙说："已通过关口的人，不再问人即可甩臂而去，如要向守关人问此关可过不可过，即表明是没通过关口的人呢。"

（《林间录》）

原典

黄龙曰："道，如山愈升而愈高，如地愈行而愈远。

学者卑浅，尽其力而止耳。惟有志于道者，乃能穷其高远，其他孰与焉？"

译文

黄龙说："道，像山一样愈升愈高，像地一样愈行愈远。卑浅的学人，尽了自己的力就停止不前了。只有立志向道的人，才能竭力寻求高远，其他的人又如何能企及呢？"

（《记闻》）

原典

黄龙曰："古之天地日月，犹今之天地日月；古之万物性情，犹今之万物性情。天地日月固无易也，万物性情固无变也，道胡为①而独变乎？嗟其未至者，厌故悦新，舍此取彼，犹适越者，不之南而之北，诚可谓异于人矣。然徒劳其心，苦其身，其志愈勤，其道愈远矣。"

注释

①**胡为**：何故，为什么。

黄龙说："古代的天地日月，还是现今的天地日月；古代的万物之本性，还是现今的万物之本性。天地日月本来就没有变化，万物本性本来就没有变化，为什么唯独道有变化呢？感叹那些没有达道的人，喜新厌旧，舍此取彼，犹如要去越地的人，不往南走而往北走，真可称得上与人不一样的人了。然而，如果徒劳其心，困苦其身，那么，其志愈勤，离道就愈远。"

（《遁庵壁记》）

黄龙谓英邵武曰："志当归一，久而勿退，他日必知妙道所归。其或心存好恶，情纵邪僻，虽有志气如古人，予终恐不得见其道矣。"

黄龙对英邵武说："志向应当专一无杂，并应持久而不退却，他日一定知道深妙道理的归向。有的人存有好恶之心，放纵不正的情欲，即使有古人一样的志气，我恐怕他们也获得不了道。"

（《壁记》）

原典

宝峰英和尚曰："诸方老宿批判先觉语言，拈提^①、公案^②，犹如捧土培泰山，掬水沃东海。然彼岂赖此以为高深耶？观其志在益之，而不自知非其当也。"

注释

①**拈提**：拈提古则。拈，用指取物。

②**公案**：原指公府判断是非的案牍。禅宗认为前辈祖师的言行范例，可以用来判断是非迷悟，故借用。

译文

宝峰英和尚说："各方老僧以分章析句，批点拈提及公案来批判先觉的语言，犹如以两手捧一坯土欲增培泰山之高，双手捧取勺水去沃东海之深。然而，那些古人难道要依赖这些拈提、公案来增高沃深吗？观察他们的志向，是在补益古人所立，而不自知他们所做的一切是不当的啊！"

（《广录》）

英邵武每见学者恣肆不惧因果，叹息久之曰："劳生如旅泊，住则随缘，去则亡矣，彼所得能几何？尔辈不识廉耻，干犯^①名分，污渎宗教乃至如是。大丈夫志在恢弘祖道，诱掖后来，不应私擅己欲无所避忌，媒一身之祸，造万劫之殃。三途^②地狱受苦者，未是苦也，向^③袈裟^④下失却人身，实为苦也。"

注释

①**干犯**：冒犯，冲犯。

②**三途**：又作三恶道、三恶，指地狱、饿鬼、畜生三恶趣，亦指火途、血途、刀途。乃指众生造作恶行所感得的世界。

③**向**：假使，假如。

④**袈裟**：佛教僧尼的法衣。

译文

英邵武每每见到学者放纵言行，不惧怕因果报应，叹息了很久说道："人辛劳的一生，如同在外旅行漂泊，住下就随顺因缘，离去就亡失了，人一生能得到多少？

你们不知道廉耻，冒犯名分，污渎宗教到了如此地步。大丈夫应志在发扬祖辈们的道德，以此引导后来的人，不应该专擅私欲，无所顾忌，引发一身的灾祸，制造万世的殃咎。在火途、血途、刀途的苦的世界里受苦的人，称不上是苦，假使法衣下失却人身，这才真是苦呢。"

（《壁记》）

原典

英邵武谓晦堂曰："凡称善知识，助佛祖扬化，使衲子回心向道，移风易俗，固非浅薄者之所能为。末法比丘不修道德，少有节义，往往苞苴①肮脏，摇尾乞怜，追求声利于权势之门。一旦业盈福谢，天人厌之。玷污正宗，为师友累，得不太息？"晦堂颔之。

英邵武谓潘延之曰："古之学者治心，今之学者治迹，然心与迹相去霄壤矣。"

英邵武谓真净文②和尚曰："物暴长者，必夭折；功速成者，必易坏。不推久长之计，而造卒成之功，皆非远大之资。夫天地最灵，犹三载再闰，乃成其功，备其化。况大道之妙，岂仓卒而能办哉？要在积功累德。故曰，欲速则不达，细行则不失。美成在久，遂有终身之谋。圣人云：'信以守之，敏以行之，忠以成之，事虽大而必济。'昔哲侍者③夜坐不睡，以圆木为枕，小睡则枕转，觉而复起，安坐如故，率以为常。或谓用心太过，哲曰：'我于般若④缘分素薄，若不刻苦励志，恐为妄习所牵。况梦幻不真，安得为久长计？'予昔在湘西，目击其操履如此，故丛林服其名，敬其德而称之。"

注释

①苞苴：贿赂。

②真净文：隆兴府宝峰真净克文禅师（公元一〇二五一一一〇二年），陕府阌乡（今河南灵宝市）郑氏子，嗣黄龙南禅师，南岳下十一世。

③哲侍者：潭州（今湖南长沙）大沩真如慕哲禅师，抚州临川（今属江西）闻氏子，嗣翠岩禅师，南岳下十一世。

④般若：梵文 Prajñā 的音译，亦作"波若"，意译为"智慧""智""慧""明"等。佛教认为此智慧不是世俗人所能有，它是成佛所需的特殊智慧，通过此智慧到达涅槃。

译文

英邵武对晦堂说："凡称得上善知识的人，都会帮助佛祖扬化佛法，使僧徒改变态度趋向佛法大道，改变旧的风俗习惯，这本来就不是浅薄之人所能做的事。佛法将灭时期的和尚不修养道德，很少有气节正义，往往做出贿赂肮脏、摇尾乞怜的事来。投靠到有权有势人的门下以追求声色名利。一旦造作的业因充满了，福德的行业谢落了，天与人都要厌弃你。玷污初祖所传的宗派，成为师友的累赘，人们能不为此叹息吗？"晦堂点头表示赞同。

英邵武对潘延之说："古代的学人治理内在的精神，现代的人治理外在的形迹，然而精神与形迹有天壤之别。"

英邵武对真净克文和尚说："一切突然而且猛烈生长的生物，一定要夭折；一切迅速成功的事情，一定容易败坏。不推崇长远的计谋，而制造仓促而成的成功，都不能成为获得远大成功所应资凭的准则。天地最灵，犹三年一闰五年再闰，从而完全成功和化育万物。况且神妙的大道，难道是仓促之间就能获得的吗？重要的在于积累功德。所以说要快反而不能达到，细密的行为不会失败。好的成功在于长久的成功，在于有终身的谋划。圣人说：'用信义来保持它，用奋勉来行动它，用忠诚来成功它，即使是大事，也一定能成功。'过去真如慕哲侍者夜里只是坐着而不睡觉，他用圆木当枕头，稍微睡一会儿枕头就转动，醒了重新起来像以前那样安坐着，终于习以为常。有的人说他用心太过分了，哲侍者说：'我与般若智慧的缘分素向很薄，如不刻苦磨炼意志，恐怕被妄念妄想的习惯所牵缚。况且一切都是梦幻而不真实，怎么可以成为长久的计谋呢？'我从前在湘西，目睹他的品行就是这样。所以丛林中人都服膺他的名气，崇敬他的德行，并且大加称赞他。"

（《灵源拾遗》）

原典

真净文和尚久参黄龙，初有不出人前之言。后受洞山请道过西山，访香城顺①和尚。顺戏之曰："诸葛②昔年称隐者，茅庐坚请出山来。松华若也沾春力，根在深岩也着开。"真净谢而退。

注释

①**香城顺**：景顺禅师，蜀人，嗣黄龙。

②**诸葛**：名亮，字孔明，琅邪阳都（今山东沂南南）人。东汉末，隐居邓县隆中（今湖北襄樊市襄阳区），建安十二年（公元二〇七年）刘备三顾草庐，诸葛亮终于出山，从此成为刘备的主要谋士。

译文

真净克文和尚久参黄龙，起初在人前不甚出言。后来接受洞山的邀请路过西山，并拜访了香城景顺和尚。顺和尚对他戏言道："从前诸葛孔明被称作隐士，刘备三顾茅庐坚决邀请他才出山。松花如果分得春天的力量，即使根生在深岩也照样盛开。"真净听后谢而退去。

（《顺语录》）

原典

真净举广道①者住五峰，舆议广疏拙，无应世才。逮广住持，精以治己，宽以临众，未几，百废具举。衲子往来竞争喧传。真净闻之曰："学者何易毁誉邪？予每见丛林窃议曰，那个长老行道安众，那个长老不侵用常住，与众同甘苦。夫称善知识为一寺之主，行道安众，不侵常住，与众甘苦，固当为之，又何足道？如士大夫做官，为国安民，乃曰：'我不受赃②，不扰民。'且不受赃，不扰民，岂分外事耶？"

注释

①**广道**：瑞州九峰希广禅师，西蜀梓州（今四川三

台）人，嗣真净文禅师，南岳下十二世。

②赃：赃物，受贿。

译文

真净推举九峰希广禅师做五峰寺的住持，众人都私议说希广为人疏散而又拙钝，没有应世的才能。到了希广做了住持，精心修养自身，宽厚对待众人，很快一切被废置的事都兴办起来。僧徒们竞相往来争着宣传他的事迹。真净听到了以后说："学者为什么轻易毁人誉人呢？我每当看见丛林有暗中议论说，那个长老推行道德，安抚众人，那个长老不侵用常住，与众僧同甘共苦。称善知识为一寺之主，他们推行道德，安抚众人，不侵用常住，与众僧同甘共苦，这是作为住持本来就应该做的，又何足称道呢？就像士大夫做官为国安民，竟说：'我不受贿，我不扰民。'而不受贿，不扰民，难道是做官的分外事吗？"

（《山堂小参》）

原典

真净住归宗，每岁化主纳疏，布帛云委①。真净视之颦蹙，已而叹曰："信心膏血，予惭无德，何以克②当？"

①委：堆积。

②克：能。

译文

真净在归宗寺做住持的时候，每年受劝化的信徒都要布施寺院布帛，看到这堆积如云的布帛，真净直皱眉头，继而叹道："这些东西都是对佛坚信不疑人的膏血，我惭愧自己无德，如何能担当如此多的施物？"

（《李商老日涉记》）

原典

真净曰："末法比丘①鲜有节义，每见其高谈阔论，自谓人莫能及。逮乎一饭之惠，则始异而终辅之，先毁而后誉之。求其是曰是，非曰非，中正而不隐者少矣。"

注释

①比丘：梵文 Bhikṣu 的音译，意译"乞士""乞士男"，指出家后受过具足戒的男僧。

真净说："佛法将灭时的和尚很少有气节正义。每每见到他们高谈阔论，自认为别人都不及自己。可是等到受人一顿饭的恩惠，就可以最终辅助开始与自己意气不合的人。先前诋毁人，后又赞誉人。所以，在末法时，要求一个是就说是，非就说非，立场中正，不为利惑的人，现在很少有了。"

（《壁记》）

真净曰："比斤之法受用不宜丰满，丰满则溢。称意之事不可多谋，多谋终败。将有成之，必有坏之。予见黄龙先师，应世四十年，语默动静，未尝以颜色、礼貌、文才牢笼当世衲子。唯确有见地，履实践真者，委曲成褫①之。其慎重，真得古人体裁，诸方罕有伦比，故今日临众无不取法。"

真净住建康保宁②，舒王③斋衬素缣④，因问侍僧："此何物？"对曰："纺丝罗。"真净曰："何用？"侍僧曰："堪做袈裟。"真净指所衣布伽黎⑤曰："我寻常披此，见者亦不甚嫌恶。"即令送库司估卖供众。其不事服饰如此。

真净谓舒王曰："日用是处力行之，非则固止之，不应以难易移其志。苟以今日之难，掉头弗顾，安知他日不难于今日乎？"

真净闻一方有道之士化⑥去，恻然叹息至于泣涕。时湛堂⑦为侍者，乃曰："物生天地间，一兆⑧形质，枯死残蠹似不可逃，何苦自伤？"真净曰："法门之兴赖有德者振之，今皆亡矣，丛林衰替用此可卜。"

注释

①裭：剥夺。

②建康保宁：建康（今江苏南京市）保宁寺。

③舒王：宋徽宗进王安石为舒王，后拜为相。

④缣：细绢。

⑤伽黎：比丘三衣之一。

⑥化：迁化，这是佛教对僧尼死亡的一种美称。

⑦湛堂：隆兴府泐潭文准禅师（公元一〇六一——一一一五年），兴元府（今陕西南郑县）梁氏子，嗣真净文禅师，南岳下十三世。

⑧一兆：数目，古代指一万亿。

译文

真净说："出家人的法道讲求受用不宜丰盛，丰盛了就会外溢。称心如意的事不可过多谋求，过多谋求终究要失败。有成功，一定就有毁坏。我看黄龙先师，应世四十年，有言无言，行为静止都没曾以脸色、礼貌、文才去束缚当世的衲子。唯有那些确实有见地，践履真实的人，才能做到委曲以成就。黄龙处世慎重，真正得到了古人的根本大法，各方很少有能与他伦比的。所以现在面对大众，无不取法于黄龙。"

（《日涉记》）

真净在建康保宁寺做住持，舒王荆公布施了一些白色细绢给寺院，真净因此问侍僧："那是什么东西？"侍僧回答说："是纺丝罗。"真净问："有什么用？"侍僧回答说："可以做袈裟。"真净指着自己穿的布袈裟说："我平常穿它，人们也不会因此而嫌弃厌恶我。"于是命令把那些丝绢送入库司估价而卖，以供众僧之资。真净就是如此地不讲究自己的服饰穿戴。

（《日涉记》）

真净对舒王说："日常生活应用的地方，正确的应该努力实践它，错误的应该坚决制止它，不应该因为事物的难易而改变自己的志向。如果因为今天遇到了难事就掉头不做，你怎么知道他日所遇到的事不比今天所遇到的事更困难呢？"

（《日涉记》）

　　真净只要听说哪个地方的有道之人士迁化了，总要怜悯叹息，以至于悲痛泣涕。那时湛堂在真净左右做侍者，于是就对真净说："万物生长在天地之间，即使有一万亿年长的事物，也终究逃脱不了枯死残蛀的命运，你何苦使自己这么悲伤呢？"真净说："佛门的兴盛依赖有德的人振兴，现如今都迁化了，丛林的衰败更替，据此可以预卜。"

（《日涉记》）

3 卷二

原典

　　湛堂准和尚初参真净，常炙灯[①]帐中看读。真净呵曰："所谓学者，求治心也，学虽多而心不治，纵学而奚益？而况百家异学，如山之高，海之深。子若为尽之，今弃本逐末，如贱使贵，恐妨道业[②]。直须杜绝诸缘，当求妙悟，他日观之，如推门入臼，故不难矣。"湛堂即时屏去所习，专注禅观。一日闻衲子读诸葛孔明《出师表》，豁然开悟，凝滞顿释，辩才无碍，在流辈[③]中鲜有过者。

注释

　　①炙灯：点灯。

②**道业：** 成佛果的行业为道业。

③**流辈：** 犹侪辈、同辈。

译文

湛堂文准和尚初参真净，他常常点着灯在帐中阅读。真净呵斥道："所谓学者，寻求的是如何治理内心，学问虽多，而内心得不到治理，即使学问有什么益处呢？何况百家的学说各自不同，像山那样高，海那样深。你如果为了穷尽它们，现在所采用的方法是放弃主要的而去追逐次要的，就如同卑贱的人去指使高贵的人一样，这样恐怕会妨碍成就佛果的行业。必须直接杜绝一切攀缘的心意，应当寻求神妙的开悟，以后再观照身心，就如同推门入臼，一任开合，所以并不困难。"湛堂即时摒去了自己的习惯，专注坐禅观法。有一天听到僧徒读诸葛孔明的《出师表》，湛堂豁然开悟，一切凝滞也顿时消除，辩才无碍，在同辈中很少有人能超过他的。

原典

湛堂曰："有道德者乐于众，无道德者乐于身。乐于众者长，乐于身者亡。今称住持者，多以好恶临众，故众人拂之。求其好而知其恶，恶而知其好者鲜矣。故曰，与众同忧乐、同好恶者义也。义之所在，天下孰不归焉？"

译文

湛堂说："有道德的人爱众人，没有道德的人爱自身。爱众人的人能长久，爱自身的人会早亡。现在所谓做住持的人，多以好恶待众，所以众人不拥护他们。谋求好的人，但同时也知道他的缺点；面对有缺点的人，但也能知道他的优点，这样的人现在很少有了。所以说，与众人同忧乐、同好恶的人是义士。有了正义，天下的人谁不归服你呢？"

（《二事癫可赘疣集》）

原典

湛堂曰："道者古今正权，善弘道者要在变通。不知变者，拘文执教，滞相殢情，此皆不达权变故。僧问赵州①：'万法归一，一归何处？'州云：'我在青州做领布衫，重七斤。'谓古人不达权变，能若是之酬酢？圣人云：'幽谷无私，遂至斯响，洪钟虡②受，扣无不应。'是知通方上士，将返常合道，不守一而不应变也。"

①**赵州**：赵州观音院从谂禅师（公元七七八—八九七年），曹州（今山东曹县）郝氏子，嗣南泉普愿禅师，南岳下二世。

②**虡**：悬挂钟、磬的木架。其两侧的柱叫虡。

译文

湛堂说："道是古今最大的权柄，主宰万物是它，化凡为圣的是它，它是融通无碍。善于弘道的人，重要的在于懂得变通。不知变通的人，拘泥文字，执着教义，滞留外物和情感，这都是不晓达权变的缘故。僧问赵州从谂禅师：'万法归一，一归何处？'从谂禅师说：'我在青州做得一领布衫，重七斤。'如果说古人不晓达权变的道理，能做出这样的应对吗？圣人说：'幽深的峡谷自然无私，于是才有那自然的声响，悬挂大钟的木架受撞击而大钟势必受振动而有声响回应。'由此可知，通达圆满自利利他之士，将返回平常之事，一一皆合乎至道，这终不是那些守定法而不知随事应用变通之人所能比的。"

（《与李商老书》）

湛堂曰："学者求友，须是可为师者，时中长怀尊敬，作事取法，期有所益。或智识差^①胜于我，亦可相从，警所未逮。万一与我相似，则不如无也。"

注释

①差：略。

译文

湛堂说："学者寻求朋友，必须寻求那些可以成为自己老师的人，时刻对他怀有尊敬之意，做事取法，希望有所裨益。有的智慧知识略胜于我的人，也可以与他相随，目的是戒慎自己还有不到人的地方。万一朋友与我差不多，那么不如没有这样的朋友。"

(《宝峰实录》)

原典

湛堂曰："祖庭秋晚^①，林下人不为嚣浮者，固自难得。昔真如住智海，尝言：'在湘西道吾时，众虽不多，犹有老衲数辈履践此道。自大沩来此，不下九百僧，无七五人会我说话。予以是知，得人不在众多也。’”

注释

①**祖庭秋晚：** 形容佛祖之门庭若晚秋凋零。

译文

湛堂说：“佛祖门庭凋零之际，林下学人有不为嚣喧浮薄之事，实是难得。从前真如哲禅师住智海时曾说：‘我在湘江之西住道吾寺时，寺中虽没多少人，但尚有老僧辈们去实践履行佛道。自大沩来到这里，僧徒不下九百，然而其中七分之五的人无法与我对话。我由此可知，得人不在众多。’”

（《实录》）

原典

湛堂曰：“惟人履行，不可以一酬一诘固能尽知。盖口舌辩利者，事或未可信；辞语拙讷者，理或不可穷。虽穷其辞，恐未穷其理；能服其口，恐未服其心。惟人难知，圣人所病。况近世衲子聪明，不务通物情，视听多只伺①过隙，与众违欲，与道乖方，相尚以欺，相冒②以诈，使佛祖之道靡靡而愈薄，殆不可救矣。”

①伺：探察。

②冒：崇尚，尊重。

译文

湛堂说："唯有人的履行，不可以想通过一问一答的方式就一定能够完全知道的。那些巧言善辩的人所做的事情未必可信，而那些口拙不善言辞和应付的人，他们所谈的理或许不可穷尽。即使辞语穷尽了，恐怕未必能穷尽道理；能使口服，恐怕未必能使心服。知人最难，即使圣人亦有所忧患。况且近代的衲子自恃聪明，而不尽力通晓物情，探察事物也多只是很快掠过，与众相违背，进而要与道相背戾，相互崇尚欺诈，使佛祖之道零落，而且愈来愈浇薄，几乎到了不可救药的地步了。"

（《答鲁直书》）

原典

湛堂谓妙喜曰："像季比丘外多徇①物，内不明心。纵有弘为，皆非究竟，盖所附卑猥而使然。如抟牛之虻，飞止数步，若附骥尾，便有追风逐日之能，乃依托之胜也。是故，学者居必择处，游必就士，遂能绝邪僻，近中正，闻正言也。昔福严雅②和尚，每爱真如哲标致可尚，但未知所附者何人。一日见与大宁宽、蒋山元③、翠岩真偕行，雅喜不自胜，从容谓哲曰：'诸大士法门龙象④，子得从之游，异日支吾道之倾颓，彰祖教之利济，固不在予多嘱也。'"

注释

①徇：曲从、偏私。

②福严雅：泽州（今山西晋城）福严良雅禅师，嗣洞山守初禅师，青原下八世。

③大宁宽、蒋山元：洪州（今江西南昌）大宁道宽禅师，嗣石霜楚圆禅师；蒋山赞元禅师，亦嗣石霜，南岳下十一世。

④龙象：僧的敬称。

译文

湛堂对妙喜说："佛法将灭时和尚多于外曲从物情，于内不明心志。纵使有宏为，但都不是终极之义，这大概是附着了低微鄙陋的人和事使他们这样的。好像抟集在牛身上的虻虫，据自力奋飞只不过数步而已，如果附着在千里马的尾巴上，便有追风逐日的能力，这乃是有了依托之利。所以，学者居住一定要选择地方，游历一定要趋归学子，于是就能断绝不正，接近公正，闻听善言了。从前福严良雅和尚，非常喜爱真如哲的风度，并认为值得尊尚，但不知道他所依附的是什么样的人。一天看见真如哲与大宁道宽、蒋山赞元、翠岩真诸禅师同行，福严良雅欢喜至极，并从容地对真如哲说：'诸大师是法门中有大担当大力量，如龙如象之人，你得以跟随他们同游，他日可抵拒道之将倾，显扬祖教的利成，我不必过多嘱咐了。'"

（《日涉记》）

原典

湛堂谓妙喜曰："参禅须要识虑高远，志气超迈，出言行事持信于人，勿随势利，苟枉自然，不为朋辈描摸时所上下也。"

译文

湛堂对妙喜说："参究禅道必须要识虑高远，志气超迈。出言行事对人要保持信义，不要趋随势力，苟且违背自然。果能如此，朋友之辈也无法描摹而也不似他辈心性昏迷，循俗上下无定了。"

（《实峰记闻》）

原典

　　湛堂曰："予昔同灵源侍晦堂于章江寺，灵源一日与二僧入城，至晚方归。晦堂因问：'今日何往？'灵源曰：'适往大宁来。'时死心①在旁，厉声呵曰：'参禅欲脱生死，发言先要诚实，清兄②何得妄语？'灵源面热不敢对。自尔不入城郭，不妄发言。予固知灵源、死心皆良器也。"

注释

　　①死心：隆兴府（今江西南昌）黄龙悟新禅师，韶州（今广东曲江）黄氏子，嗣黄龙祖心禅师，南岳下十三世。

　　②清兄：指灵源。

译文

　　湛堂说："我从前同灵源在章江寺侍奉晦堂和尚，有一天灵源与另外两个僧人进城，到晚上才回来。晦堂因此问灵源：'今天去哪了？'灵源说：'去了大宁那里。'当时死心禅师在旁边，晦堂厉声呵斥道：'参究禅道是要解脱生死，说话首先要诚实，清兄你怎的不说实话？'灵源被说得脸发烧，不敢应对。自此以后再不敢入城郭，也不敢虚妄发言。我本来就知道灵源、死心都是良才啊。"

（《日涉记》）

原典

湛堂曰："灵源好阅经史，食息未尝少憩，仅能背讽乃止。晦堂因呵之。灵源曰：'尝闻用力多者收功远。'故黄太史鲁直①曰：'清兄好学，如饥渴之嗜饮食，视利养纷华若恶臭。盖其诚心自然，非特尔也。'"

注释

①**黄太史鲁直**：讳庭坚，字鲁直，号山谷居士，得法于黄龙祖心禅师。

译文

湛堂说："灵源喜欢读经史，连吃饭和该休息的时候也不稍作休息，但他仅能背诵而已，晦堂因此呵斥他。灵源说：'曾经听说，用力多的人收到的功效就大。'所以黄太史鲁直说：'灵源好学，好像饥思食、渴思饮那样迫切要求。视利益给养、繁华富丽如污秽。那是他诚心自然的表现，而不是特意去那样做的。'"

（《赘疣集》）

原典

灵源清和尚住舒州太平，每见佛眼临众周密，不甚失事，因问其要。佛眼曰："用事宁失于宽，勿失于急；宁失于略，勿失于详。急则不可救，详则无所容，当持之于中道，待之以含缓，庶几①为临众行事之法也。"

注释

①庶几：大概，或许。

译文

灵源清和尚住舒州太平时，每每看佛眼和尚面对大众，所为百事能周密安排，没有出现过大的失误，因而灵源向佛眼寻问问题的关键在哪里？佛眼说："做事宁可过失于宽缓，不可过失于急猛；宁可过失于简略，不能过失于详细。急猛就不可挽救，详细就不可容通。应当保持在不偏不倚的中道状态，用宽缓的态度对待事情，这大概可以为临众行事的法则吧。"

（《拾遗》）

原典

灵源谓长灵卓①和尚曰："道之行，固自有时。昔慈明放意于荆楚间，含耻忍垢，见者忽之，慈明笑而已。有问其故，对曰：'连城与瓦砾相触，予固知不胜矣。'逮见神鼎②后，誉播丛林，终起临济之道。嗟乎！道与时也，苟可强乎？"

注释

①长灵卓：东京（今河南开封）天宁长灵寺卓禅师，嗣灵源清禅师，南岳下十四世。

②神鼎：潭州（今湖南长沙）神鼎洪諲禅师，襄水（今湖北襄阳）扈氏子，嗣首山念禅师，南岳下九世。

译文

灵源对长灵寺卓和尚说："大道的流行，本来就有它自己的时宜。从前慈明因时不至，在荆楚之间放任心意，忍受耻辱，往往人见他如此放纵其形，多轻忽他，慈明对此只是笑笑而已。有的问慈明这是什么缘故？慈明回答说：'价值连城的美玉与瓦砾摆在一块，我一定知道后者的价值不能胜过前者的价值。'到了见到神鼎洪諲禅师以后，慈明才被丛林人赞美传扬，最终担当起弘扬临济之道的大任。是啊！道并须具备时节因缘，哪是苟且可以强求的呢？"

（《笔帖》）

原典

灵源谓黄太史曰："古人云：'抱火措于积薪之下而寝其上，火未及然，固以为安。'此诚喻安危之机，死生之理明如杲日①，间不容发。夫人平居燕处②，罕以生死祸患为虑，一旦事出不测，方顿足扼腕，而救之终莫能济矣。"

注释

①杲日：明日。
②燕处：比喻安居而失去警惕。

译文

灵源对黄太史说："古人说：'抱着火把它置放在柴草下，并且睡在柴堆上，火还没有燃烧起来，还固执地认为是安全的。'这句话的确是用来比喻安危之间的极致。死生的道理明如杲日丽天，其间难容丝毫隐昧。人们在和平安居的时候，很少忧虑生死祸患，一旦出现不能预测的事情，才急得顿足扼腕，即使去挽救最终也无济于事。"

（《笔帖》）

原典

灵源谓佛鉴曰："凡接东山师兄书，未尝言世谛事，惟丁宁①忘躯弘道，诱掖②后来而已。近得书云：'诸庄旱损，我总不忧，只忧禅家无眼。今夏百余人，室中举个狗子无佛性话，无一人会得，此可为忧。'至哉斯言！与忧院门不办，怕官人嫌责，虑声位不扬，恐徒属不盛者，实霄壤矣。每念此称实之言，岂复得闻？吾侄为嫡嗣，能力振家风，当慰宗属之望，是所切祷。"

注释

①**丁宁**：教诫。
②**诱掖**：引导，扶持。

译文

灵源对佛鉴说："凡是接到东山五祖师兄的书信，他都不曾言及世间的事，只是反复地教诫要忘却身躯，弘扬佛法，引导后者而已。最近他来信说：'有几个庄子发生了旱灾，并造成了损失，我并不为此担忧，只是担忧禅家无眼识。今年夏天百余人在室中听我讲狗子无佛性的话，竟没有一个人能领会它的意思。这是件使我忧虑的事。'这些话真是再好不过了。这与担忧寺院中诸事不办，怕官府嫌责，考虑名声势位不能得到显扬以及担心门徒不充足的举动相比，真是有天壤之别。我尝思念这称意直实的话语，很难再有得闻的机会。我侄乃师兄之嫡子，必能殚力以振兴家风，须当告慰宗属们的期望，这是我所真切恳祷的。"

（《蟾侍者日录》）

原典

灵源曰："磨砻①砥砺，不见其损，有时而尽；种树蓄养，不见其益，有时而大；积德累行，不知其善，有时而用；弃义背理，不知其恶，有时而亡。学者果熟计而履践之，成大器，播美名，斯今古不易之道也。"

①**磨砻**："磨"，把粮食弄碎的工具，通常是两个石盘做成的。"砻"，去掉稻壳的工具，形状略像磨。

译文

灵源说："磨面粉的磨子，脱稻壳的砻子，磨刀的石头，短时间看不到它们的磨损，但终有被磨尽的时候。种植的树木，蓄养的牲口，短时间看不到它们的增益，但终有长大的时候。须知人积德累行亦然，短时间不知道它们的美善，但终有派上用场的时候。抛弃正义，背离道理，短时间不知道它们的丑恶，但终有灭亡的时候。学者果真能熟知和践履上述的道理，一定能成大器，传美名，这是古今不变的规律。"

(《笔帖》)

原典

灵源谓古①和尚曰："祸福相倚，吉凶同域，惟人自召，安可不思？或专己之喜怒，而隳于含容，或私心靡费而从人之所欲，皆非住持之急。兹实恣肆之悠渐，祸害之基源也。"

惠古禅师，嗣灵源清禅师，南岳下十四世。

译文

灵源对惠古和尚说："祸福相互依靠，吉凶同在一域。由于或祸或福、或吉或凶都是人自己招来的，怎么可以不思虑呢？有的人专以自己的喜怒为喜怒，心胸狭隘无包容之量，有的人放纵私心，无故浪费以顺从人的欲望，所有这些都不是住持的急务。这些实在是由于放纵之心长远浸染的结果，它们是祸害的基本根源啊。"

（《笔帖》）

原典

灵源谓伊川①先生曰："祸能生福，福能生祸。祸生于福者，缘处灾危之际，切于思安，深于求理，遂能祗畏敬谨，故福之生也宜矣。福生于祸者，缘居安泰之时，纵其奢欲，肆其骄怠，尤多轻忽侮慢，故祸之生也宜矣。圣人云：'多难成其志，无难丧其身，得乃丧之端，丧乃得之理。'是知福不可屡侥幸，得不可常觊觎。居福以虑祸，则其福可保。见得而虑丧，则其得必臻。故君子安不忘危，理不忘乱者也。"

注释

①**伊川**：姓程名颐字正叔，号伊川，河南人，问道于灵源禅师。

译文

灵源对伊川先生说："祸能生福，福能生祸。所以说祸生于福者，因为人处在灾难危险之际，就迫切思安，深入求理，于是有了忧病畏惧的心理，恭敬谨慎，所以就产生了福，应该如此。所以说福生于祸者，因为人处在安全康泰之时，就会放纵情欲，骄傲放肆，尤其有了轻视忽防的心理，行为就多欺侮轻慢，所以就产生了祸，应该如此。圣人说：'多一点艰难反而能成功心志，没有艰难反而会丧害身体。得到是丧失的开端，丧失是得到的中介。'由此可知，不可靠多次侥幸去获取幸福，不可经常希望得到不应该得到的东西。处在福的时候，要思虑祸，那么福就可以保住。面对得而去思虑丧，那么得就一定能达到。所以，有德有才的人居安而不忘危，得理而不忘乱。"

（《笔帖》）

灵源谓伊川先生曰："夫人有恶其迹，可畏其影，却背而走着，然走愈急，迹愈多而影愈疾。不如就阴而止，影自灭而迹自绝矣。日用明此，可坐进斯道。"

灵源对伊川先生说："有人如果厌恶自己的脚印，畏惧自己的影子，于是就背身退着行走，那么这样的话，你行走得愈急，脚印就愈多，影子跟随得也就愈快。不如在阴暗处停下来，这样影子将自灭，脚印将自断。在日常生活中，明白了这一点，任何举动都自然合乎道理。"

（《笔帖》）

灵源曰："凡住持位，过其任者，鲜克有终。盖福德浅薄，量度狭隘，闻见鄙陋又不能从善务义，以自广①而致然也。"

①**自广**：自高自大。

译文

灵源说："凡是身为住持者，其承担的责任超过他的力量，很少有能完美到底的。这大概是因为他们福德浅薄，度量狭隘，见识浅薄却又不能依从良善、务合事宜，以及自高自大而造成的。"

（《日录》）

原典

灵源闻觉范①贬窜②岭海，叹曰："兰植中涂，必无经时之翠；桂生幽壑，终抱弥年之丹。古今才智丧身，谗谤罹祸者多，求其与世浮沉，能保其身者少。故圣人言：'当世聪明深察而近于死者，好议人者也。博辩宏大而危其身者，好发人之恶也。'在觉范有之矣。"

注释

①**觉范**：瑞州（今江西高安）清源寺慧洪觉范禅师（公元一〇七一——一二八年），嗣真净文禅师，南岳下

十三世。南宋高宗赐宝觉圆明之号，时称寂音尊者。因秦桧专权，恶天下好人，谗奏师过，于是遭贬。

②贬窜：贬谪、驱逐。

译文

灵源听说觉范被贬谪岭海，感叹地说："种植于当路的兰草，一定不会保持历久不变的翠绿；生成在幽壑中的丹桂，终会保持长年的丹红。古今有才智之士亦然。或致丧身，或招谗言毁谤，或遭祸的人很多，而能求得与世同沉浮，并能保全性命的人很少。所以圣人所说的：'有当世的聪明和深刻洞察才能的人易遭杀身之祸，原因在于其好议讥他人；博辩宏远而易遭身危，原因在于其好揭露他人之恶。'在觉范那里都尝试到了。"

（《章江集》）

原典

灵源谓觉范曰："闻在南中时究《楞严》，特加笺释，非不肖所望。盖文字之学不能洞当人之性源，徒与后学障先佛之智眼。病在依他作解，塞自悟门。资口舌则可胜浅闻，廓神机终难极妙证。故于行解^①多致参差，而日用见闻尤增隐昧也。"

①**行解**：修行与知解。

译文

灵源对觉范说："听说你在岭南的时候，研究《楞严经》，特意给它加了注释，不是无德无才的人所能企及的。但是，文字之学不能洞察当世人的性之根源，只会给后来学道的人增加了解先佛智慧的障碍。错误在于依靠他法进行注解，这就堵塞了觉悟的大门。如论资助人之口舌，得此注释可以胜过于浅闻，至于要廓彻神机，依此终难以使人穷极妙证。所以，对丁修行与知解也会引起很多不一致，从而使得日常应用和所闻所见的道理更加隐约不明了。"

（《章江集》）

原典

灵源曰："学者举措不可不审，言行不可不稽。寡言者未必愚，利口者未必智；鄙朴者未必悖，承顺者未必忠。故善知识不以辞尽人情，不以意选学者。夫湖海衲子谁不欲求道？于中悟明见理者，千百无一。其间修身励行，聚学树德，非三十年而不能致。偶一事过差，而丛林弃之，则终身不可立。夫耀乘①之珠，不能无颣②，连城之璧，宁免无瑕？凡在有情，安得无咎？夫子圣人也，犹以五十学《易》，无大过为言。契经则曰：'不怕念起，惟恐觉迟。'况自圣贤以降，孰无过失哉？在善知识曲成，则品物不遗矣。故曰，巧梓③顺轮桷之用，枉直无废材；良御适险易之宜，驽骥无失性。物既如此，人亦宜然。若进退随爱憎之情，离合系异同之趣，是由舍绳墨而裁曲直，弃权衡而较重轻，虽曰精微不能无谬矣。"

注释

①耀乘：上乘、上品。

②颣：缺点、毛病。

③巧梓：巧木匠。

译文

灵源说："对于学者的举动措止不可不审察，言行不可不考证。少言的人未必是愚笨的人，能言的人未必是智慧的人；质朴的人未必悖逆，奉承的人未必忠心。所以，善知识不根据言辞去尽施人情，不根据意气去选择学者。四海的僧徒谁个不想求道？并从中获得开悟而明见道理呢？但在千百人中难得一二。在求道的时间里，要修养身心，努力实践，积聚学问，树立道德，不经过三十年的努力参学是不能达到目的的。偶然做错了一件事，就要被丛林抛弃，那么就终身不可有所建树。即使是上乘的珠子也不可能没有毛病，价值连城的璧玉，难免会有斑点。凡是有情的众生，怎么能没有过失？孔夫子是圣人了，到了五十岁的时候还在学习《周易》，还说通过学习《周易》才能没有大的过失。佛经说：'不怕意念起，只恐觉照迟。'况且自有圣贤以来，哪个没有一点过失呢？在于善知识委曲成全，那么一切东西都不会遗失了。所以说，巧木匠能根据他要打制的圆形的轮子或方形的椽子来选用木料，歪的和直的木料各有其用，没有不能用的废材；一个好的驾驭车马的人能根据险易处的不同来选用不同的马，从而使良马劣马各得其宜，而不失掉它们的所赋之性。物既然如此，人也应该如此。如果人进退行事，随着爱憎的感情，分离结合根据不同的意趣，那么这就如同木工舍弃了打直线的绳墨去裁取木材的曲直，称秤的人舍弃了秤锤和秤杆去较对东西的轻重，即使说技艺精微，也不能没有谬误。"

灵源曰："善住持者以众人心为心，未尝私其心；以众人耳目为耳目，未尝弘其耳目，遂能通众人之志，尽众人之情。夫用众人之心为心，则我之好恶乃众人好恶，故好者不邪，恶者不谬，又安用私托腹心而甘服其谄媚哉？既用众人耳目为耳目，则众人聪明皆我聪明。故明无不鉴，聪无不闻，又安用私托耳目而固招其蔽惑耶？夫布腹心，托耳目，惟贤达之士务求己过。与众同欲无所偏私，故众人莫不归心。所以道德仁义、流布遐远者，宜其然也。而愚不肖之意，务求人之过，与众违欲，溺于偏私，故众人莫不离心。所以恶名险行、传播遐远者，亦宜其然也。是知住持人与众同欲，谓之贤哲；与众违欲，谓之庸流。大率布腹心托耳目之意有殊，而善恶成败相返如此，得非求过之情有异，任人之道不同者哉？"

译文

灵源说："一个好的住持应以众人的心为自己的心，不曾有私心；以众人的耳目为自己的耳目，不曾扩充自己的耳目。这样就能沟通众人的心志，融会众人的感情。以众人的心为心，那么我的好恶即是众人的好恶。所以，好的不邪，恶的不谬。如此，又何用私自依赖心腹之人，而甘愿接受他们的谄媚呢？既然以众人的耳目为耳目，那么众人的所闻所见都是我的所闻所见。所以眼睛无不照明，耳朵无不闻听。如此，又何用私自依赖耳目之人，而必定要招致蒙蔽和迷惑呢？布置腹心，依赖耳目，只是贤达之士力求自己的过失。与众人有共同的欲望而不照顾私情，那么众人没有不归心于你的。所以，那些有道德仁义、远近闻名的人，应该是这样的人了。然而，那些无德无才的愚蠢的人就是时常努力想着去找别人的过失，与众人没有共同的欲望而一味沉溺于私情，那么众人无不与你离心。所以，那些行为险毒、恶名远扬的人，应该是这样的人了。由此可知，与众人有共同欲望的住持，可称其为贤哲的人；与众人欲望相违背的住持，可称其为庸俗之辈。大概布置腹心和依赖耳目的意图有所不同，但所造成的善恶成败是如此地具有不同的结果，这难道不是由于寻求人的过失有所不同，任用人的原则有所不同而造成的吗？”

原典

灵源曰："近世作长老涉二种缘。多见智识不明，为二风所触丧于法体。一应逆缘，多触衰风。二应顺缘，多触利风。既为二风所触，则喜怒之气交于心，郁勃之色浮于面，是致取辱法门、讥诮贤达。唯智者善能转为摄化①之方，美导后来。如琅琊②和尚，往苏州看范希文③，因受信施及千余缗④，遂遣人阴计，在城诸寺僧数皆密送钱，同日为众檀设斋，其即预辞范公。是日侵早⑤发船，逮天明，众知已去，有追至常州而得见者，受法利而回。观此老一举，使姑苏道俗悉起信心，增深道种，此所谓转为摄化之方。与夫窃法位，苟利养为一身之谋者，实霄壤也。"

注释

①**摄化：**摄受教化。

②**琅琊：**滁州广照慧觉禅师，嗣汾阳昭禅师，南岳下十世。

③**范希文：**姓范，名仲淹，字希文，苏州吴县（今属江苏）人。宋仁宗庆历间为参政，谥文正公，问道于琅琊和尚。

④**缗：**文。

⑤**侵早：**接近天明。

译文

灵源说："近世做长老的所经涉有两种因缘。多见人的智识不明，就是因为受到衰风、利风这二风的触动进而丧失了佛法根本。具体地说，一是应了不如意的逆缘，多受烦恼忿恨之气的触发。二是应了如意的顺缘，多受贪爱忻喜之气的触发。既被衰利二风所触发，喜怒之气就在心中交集，郁忧和旺盛的气色就浮现在脸上，这样就会招致辱羞佛门、讥讽贤达的后果。只有觉悟了的人才能转变这种情况，使之成为摄受化益的方便，并且以此来很好地引导后来者。如琅琊慧觉和尚到苏州看望范希文，很多信徒给琅琊慧觉和尚送了施物以及千余文钱，琅琊慧觉和尚于是遣派人隐中筹计。在苏州的各个寺庙的僧人也秘密地给他送钱，同一天各寺又为他设斋席。琅琊慧觉和尚立即准备向范希文辞行。这天黎明就开船离开苏州，等到天亮了，众人才知道琅琊慧觉和尚已经走了。有的人追至常州才得以看到他。回避佛门赠送的利益，只看琅琊这一个举动，就使得苏州的僧俗都起了信心，更增强和加深了信道可成佛的信念。这就是所说的摄受化益的方便。这与那些只想着去窃取僧位，苟且以利养身的人相比，真是有天壤之别。"

（《与德和尚书》）

文正公谓琅琊曰："去年到此，思得林下人可语者，尝问一吏，诸山有好僧否？吏称北寺瑞光希、茂①二僧为佳。予曰：'此外，诸禅律中别无耶？'吏对予曰：'儒尊士行，僧论德业。如希、茂二人者，三十年蹈不越阃②，衣惟布素，声名利养了无所滞，故邦人高其操履而师敬之。'若其登座说法，代佛扬化，机辩自在，称善知识者，非顽吏能晓。逮暇日访希、茂二上人，视其素行一如吏言。予退思，旧称苏秀好风俗，今观老吏尚能分君子小人优劣，况其识者耶？"琅琊曰："若吏所言诚为高议，请记之以晓未闻。"

①**希、茂：**希，不详氏族、嗣法。茂，即茂月禅师，嗣大愚守芝禅师，南岳下十一世。

②**阃：**门坎。

范文正公（范希文）对琅琊说："去年到此，想找一名禅林中可以对上话的人谈谈，曾问一个老吏，苏州各寺庙有没有好的禅僧，老吏说城北瑞光寺的茂月禅师和希禅师可称好僧。我说：'除此二人外，诸禅师、律师中就没有了吗？'老吏对我说：'儒家尊奉士人的行操，佛家讲究僧人的德业。例如希、茂二人，三十年足不越门坎，只是穿着布衣，全不滞着声名利养，所以周围的人崇尚他们的操履而师从和敬仰他们。'如果他们是登堂入座去说法，代佛祖扬化，机辩自在，称为善知识的话，那么就不是顽吏所能知晓的了。到了有空的时候，我去拜访了希、茂两位上人，看到他们素朴的行为，完全像老吏讲的那样。我退而想道，以前称苏州秀美，有很好的风俗，现在我又看到了，就连一个老吏尚能分别君子小人的优劣，那么何况有知识的人呢？"琅琊说："如果老吏所说的确实是高明的议论，请记载下来，以便让没有听过的人也知晓。"

（《琅琊别录》）

原典

　　灵源曰："钟山元①和尚平生不交公卿，不苟名利，以卑自牧，以道自乐。士大夫初勉其应世，元曰：'苟有良田，何忧晚成？第②恐乏才具耳。'荆公闻之曰：'色斯举矣，翔而后集。在元公得之矣。'"

①**钟山元**：即蒋山赞元禅师。
②**第**：只，但。

译文

灵源说："钟山元和尚平生不与当官的人交往，不苟且图谋名利，以卑贱察见自己，以道德悦愉自己。有些士大夫起初勉励他应缘世间，钟山元说：'如有良田，何忧谷物会晚熟呢？只是担心缺乏才智器具而已。'荆公听到元和尚此语说：'如鸟见人脸色不善则飘然而逝，飞翔审视有不惊之处而后集，元公的见机亦如此。'"

（《赘疣集》）

原典

灵源曰："先哲言，学道悟之为难。既悟守之为难，既守行之为难。今当行时，其难又过于悟守。盖悟守者精进坚卓，勉在己躬而已。惟行者必等心，死誓以损己益他为任。若心不等，誓不坚，则损益倒置，便堕为流俗阿师①。是宜祗②畏。"

①阿师：师匠。"阿"，发语词。

②祇：通"祇"，大也。

译文

灵源说："先哲认为参学佛道，困难的是觉悟佛教真理。既已觉悟了，要守住它也是困难的。既已守住了，要实行它同样是困难的。在应当行道的今天，行又比悟道守道更困难。悟道守道的人要精进不退，坚固超卓不二，并且努力亲自去做而已。只有行道的人，一定具有平等心，誓死以损害自己、利益他人为自己的职任。如果心不平等，誓言不坚定，那么损益将倒置，从而要堕落为庸俗的师匠，这应该非常戒慎。"

原典

灵源曰："东山师兄天资特异，语默中度，寻常出示语句，其理自胜。诸方欲效之不诡俗，则淫陋终莫能及，求于古人中亦不可得，然犹谦光导物，不啻饥渴。尝曰：'我无法，宁克勤诸子？真法门中罪人矣！'"

灵源说："东山师兄天资特别聪明，或语或默都中法度，平常出言发语，开示于人，其义理自然超胜。各方僧人都想效法他那种不违世俗的风度，而因为他们太孤陋了，终究无法赶上他，在古代人中也不可求得像东山师兄这样的人，然而像他那样谦退化导众生的人，更是少之又少。他曾说：'我无道法岂能策勤于诸子，真是佛门中的罪人啊！'"

原典

灵源道学行义，纯诚厚德，有古人之风。安重寡言，尤为士大夫尊敬。尝曰："众人之所忽，圣人之所谨。况为丛林主，助宣佛化，非行解相应，讵可为之？要在时时检责，勿使声名利养有萌于心。傥法令有所未孚①，衲子有所未服，当退思修德以待方来。未见有身正而丛林不治者。所谓观德人之容，使人之意消，诚实在兹。"

注释

①孚：使人信服。

灵源禅师是一位有道德、有学问、有操行、有正义的人。他那纯诚的学问、深厚的德行真有古人的风范。他稳重少言，尤其受到士大夫们的尊敬。他曾说过："众人所忽视之处，却是圣人谨慎对待之处。何况是丛林的领袖，他们是要帮助佛祖宣传扬化佛法的，修行与知解如不相应，怎么可以做到这一点呢？重要的是要时时检查、责问自己，不要使声名利养在心中萌发。倘若法令不为人所信服，僧衲也不信服于你，你就应当退而省察自己的言行，去修养道德以待将来更好行事。没有见到住持自己言行端正而丛林不能得到治理的。所谓的观看了道德之人的容貌，就能使人染恶之心消失，诚实在于德而已。"

（《记闻》）

灵源谓圆悟[1]曰："衲子虽有见道之资，若不深蓄厚养，发用必峻暴，非特无补教门，将恐有招祸辱。"圆悟禅师曰："学道存乎信，立信在乎诚。存诚于中，然后俾[2]众无惑。存信于己，可以教人无欺。惟信与诚有补无失。是知，诚不一则心莫能保，信不一则言莫能行。古人云：

'衣食可去，诚信不可失。'惟善知识当教人以诚信。且心既不诚，事既不信，称善知识可乎？《易》③曰：'惟天下至诚遂能尽其性，能尽其性则能尽人之性。'而自既不能尽于己，欲望尽于人，众必绐④而不从；自既不诚于前，而曰诚于后，众必疑而不信。所谓割发宜及肤，剪爪宜侵体。良以诚不至则物不感，损不至则益不臻。盖诚与信不可斯须去已也明矣。"

注释

①**圆悟**：成都昭觉寺佛果克勤禅师（公元一○六三——一一三五年），彭州崇宁（今属四川）骆氏子，嗣五祖演禅师。

②**俾**：使。

③**《易》**：此处原文有误，应为《中庸》。

④**绐**：哄骗，欺骗。

译文

灵源对圆悟说："僧衲即使有照见真理的资质，但如果不深蓄厚养，做事行动一定会严厉暴躁。这样不但对教门无所裨益，而且将来恐怕要招致灾祸耻辱。"圆悟禅师说："学习佛道在于信义，确立信义在于诚意。把诚意保存在适中的状态，然后使众人没有迷惑。保存自己的信义，可以教人无欺。只有信义与诚意有补益而无过失。由此可知，没有专一的诚意，那么真心就不能保持。没有一致的信义，那么言论就不能实行。古人说：'衣食可去，诚信不可失。'善知识应当用诚信去教化人。心既然不诚，事既然不信，还可以称得上善知识吗？《中庸》说：'只有天下极端真诚的人能充分发挥他的本性；能充分发挥自己的本性，就能够让众人充分发挥他们的本性。'自己既然不能尽诚存信，却又希望别人尽诚存信，这样众人一定会欺骗你，而且不会跟随你。自己既然在事前不真诚，却说今后要真诚，这样众人一定会怀疑而不信任你。所谓的剃发应到皮肤，剪爪应侵于肉体，说的就是这个道理。如真的没有极端的诚信，那么事物是不能被感化的。没有损减到极点，那么益增就不能全臻。诚与信不可一时或缺的道理是明显的了。"

（《与虞察院书》）

原典

圆悟曰："人谁无过？过而能改，善莫大焉。从上皆称改过为贤，不以无过为美。故人之行事多有过差，上智下愚俱所不免。唯智者能改过迁善，而愚者多蔽过饰非。迁善则其德日新，是称君子；饰过则其恶弥著，斯谓小人。是以，闻义能徙，常情所难。见善乐从，贤德所尚。望公相忘于言外可也。"

译文

圆悟说："人谁能没有过错呢？有了过错而能改正，没有比这更好的事了。以前都称改正错误的人为贤人，不以没有过错为美善。所以人的所作所为，常常会出现差错，最聪明的和最愚蠢的人都不能避免。只有那些有智慧的人能改过迁善，而愚蠢的人多文过饰非。向善的人，他们的道德就会日新，称这样的人为君子；掩饰过错的人，他们的恶行就会更加显著，称这样的人为小人。所以，听到正义就能迁移，这是常情所不容易的事。看见善就乐于趋从，这是贤德的人所崇尚的。希望诸公相互忘却言外，而得言外之意，这样就可以了。"

（《与文主簿》）

原典

圆悟曰："先师言：'做长老有道德感人者，有势力服人者。犹如鸾凤之飞，百禽爱之；虎狼之行，百兽畏之。其感服则一，其品类固霄壤矣。'"

圆悟说："先师说：'作为长老，有的以道德感化人，有的以势力征服人。这就好像高飞的凤凰，百禽都爱而从之；横行的虎狼，百兽都畏而避之。一为感化，一为征服，仅从得人的意义说，它们是一样的，但就其用德用力的不同品类来说，它们真有天壤之别。'"

（《赘疣集》）

原典

圆悟谓隆藏主①曰："欲理丛林，而不务得人之情，则丛林不可理；务得人之情而不勤于接下，则人情不可得；务勤接下而不辨贤不肖，则下不可接；务辨贤不肖，而恶言其过，悦顺其己，则贤不肖不可辨。惟贤达之士不恶言过，不悦顺己，惟道是从，所以得人情而丛林理矣。"

注释

①**隆藏主**：即绍隆禅师（公元一〇七八——一一三六年），含山人，嗣圆悟勤禅师，南岳下十五世。

圆悟对隆藏主说："要治理丛林，如不努力从事赢得众人感情的工作，那么丛林就不可能得到治理；如努力从事赢得众人感情的工作，却不勤于接引初学，那么，人情是不能得到的；如努力从事接引初学的工作，却不辨别贤与不贤，那么，初学不可能得到接引；如努力从事辨别贤不肖的工作，却不喜欢听人说自己的过错，只喜欢听人说自己顺耳的话，那么，贤不肖就不可能得到辨别。只有贤达的人才不讨厌别人说自己的过错，不喜欢一味顺从自己的人，他们只趋从真理。这就是为什么说赢得人情，丛林就能得到治理的道理所在了。"

（《广录》）

圆悟曰："住持以众智为智，众心为心。恒恐一物不尽其情，一事不得其理，孜孜访纳^①，惟善是求。当问理之是非，讵^②论事之大小？若理之是，虽靡费大而作之何伤？若事之非，虽用度小而除之何害？盖小者大之渐，微者著之萌，故贤者慎初，圣人存戒。涓涓不遏，终变桑田；炎炎靡除，卒燎原野。流煽既盛，祸灾已成，虽欲救之，固无及矣。古云：'不矜^③细行，终累大德。'此之谓也。"

注释

①**访纳**：访贤纳谏。

②**讵**：难道，哪里。

③**矜**：顾惜，慎重。

译文

圆悟说："住持应以众人的智慧为智慧，以众人的心愿为心愿。哪怕一物没有尽到性情，一事不符合道理都会常常担心。勤勉地去访贤纳谏，只要是善的就求取。应当过问事情的理是对是错，哪里要论事大事小呢？如是对大众有益的事，即使费用极大，也要去做。如是不合理情的事，即使费用很小，也要去除它，大的事是由小的事渐进而成的，显著的事是萌芽于隐微的事。所以有才有德的贤人慎重初始的事，品格最高、智慧最高的圣人存有谨戒之心。不阻涓涓细流而不止遏，终究会变成桑田；不除炎炎的火星，终究会烧焦原野。至于水流火煽之际，其势已盛，灾祸已经酿成，即使要救它，一定也来不及了。古人说：'不慎重细微的行动，终究要缚累大德。'说的就是这个道理。"

（《与佛智书》）

圆悟谓元布袋①曰："凡称长老之职助宣佛化，常思以利济为心。行之而无矜，则所及者广，所济者众。然一有矜己逞能之心，则侥幸之念起，而不肖之心生矣。"

注释

①**元布袋**：台州（今浙江临海）护国此庵景元禅师，永嘉（今浙江温州）南溪张氏子，嗣圆悟勤禅师，南岳下十五世。因师常负布袋而行，故人称为布袋和尚。

译文

圆悟对元布袋说："凡是有长老称号的人，应资助宣化佛道，常常思虑以利济为心。践履佛道而不自夸，这样影响的范围就广，救济的人就多。然而一旦有自夸逞能的心，那侥幸之念就会生起，从而就产生了无德之心了。"

（《双林石刻》）

原典

圆悟谓妙喜曰："大凡举措当谨始终，故善作者必善成，善始者必善终。谨终如始则无败事。古云：'惜乎，衣^①未成而转为裳^②。行百里之半于九十。'斯皆叹有始而无终也。故曰：'靡不有初，鲜克有终。'昔晦堂老叔曰：'黄檗胜^③和尚亦奇衲子，但晚年谬耳。观其始得不谓之贤。'"

注释

①衣：上衣。

②裳：下衣，即是裙。

③黄檗胜：黄檗山惟胜禅师，潼州（今四川绵阳）罗氏子，嗣黄龙南和尚，南岳下十二世。

译文

圆悟对妙喜说："大凡为人举动止措之间当应谨慎始与终，所以善于作为的人，一定会有好的成就；有好的开头，一定有好的结束。像谨慎开始那样对待终结，那么就不会有失败的事情。古语说：'可惜啊，上衣没有制成而改做下衣，要行百里却在五十里而返，甚至得到九十里而返。'这都是感叹做事有始而无终呢。所以说：'万事莫不有开始，坚持到底却不多。'从前晦堂老叔说：'黄檗惟胜和尚亦是奇特的禅僧，只是晚年有错误罢了。如只观看起初的表现，怎能不说他是有才有德的贤人呢？'"

（《云门庵集》）

原典

圆悟谓佛鉴曰："白云师翁动用举措必稽往古，尝曰：'事不稽古，谓之不法。予多识前言往行，遂成其志。然非特好古，盖今人不足法。'先师每言师翁执古，不知时变。师翁曰：'变故易常，乃今人之大患，予终不为也。'"

译文

圆悟对佛鉴说："白云师翁动用举措一定要查考往古之事，他曾说：'做事不稽考古代之事，这就叫没有法仪。我对先前的言论有很多见识，做起事来就能顺心如意。这样并非只是好古，因为今人是不足以效法的。'先师每每说师翁执着古代之事，而不知时代的变化。师翁说：'改变过去，变化常规，乃是今人的大患，我终究不会这样做的。'"

（《蟾和尚日录》）

佛鉴勤和尚自太平迁智海，郡守曾公元礼问："孰可继住持？"佛鉴举昺①首座，公欲得一见。佛鉴曰："昺为人刚正，于世邈然，无所嗜好，请之犹恐弗从，讵肯自来耶？"公固邀之。昺曰："此所谓呈身长老也。"竟逃于司空山。公顾谓佛鉴曰："知子莫若父。"即命诸山坚请，抑不得已而应命。

注释

①昺：韶州（今广东韶关）南华智昺禅师，蜀川永康（今四川灌县）人，为人严厉，时号昺铁面，嗣佛鉴和尚，南岳下十五世。

译文

佛鉴勤和尚从太平寺移席智海寺，郡守曾公元礼问佛鉴道："师既去，谁可以继任太平寺住持一职？"佛鉴举荐智昺首座，曾公想见一见智昺首座。佛鉴说："昺首座为人刚正，他远离世俗社会，没有什么嗜好。请他尚恐怕不会应允，哪里肯自己来呢？"曾公再三邀请昺首座。昺说："这真是所谓现身图名、自炫自卖的长老啊!"昙首座坚辞不肯,竟然逃往司空山。曾公回头对佛鉴说:"知子莫若父。"于是命令各山坚请昙首座,在强屈的情况下,昙首座不得已而后应允来命。

(《蟾侍者日录》)

原典

佛鉴谓询佛灯①曰:"高上之士不以名位为荣,达理之人不为抑挫所困。其有承恩而效力,见利而输诚②,皆中人以下之所为。"

注释

①询佛灯:浙江湖州府安吉州何山佛灯寺询禅师,嗣佛鉴勤禅师,南岳下十五世。
②输诚:献纳诚心,也谓投降。

译文

佛鉴对询佛灯说:"高上之士不以名位为光荣,达理之人不被压抑、挫折所困扰。那些蒙承了别人的恩惠就效力于他人,而且见利就去献纳诚心的,都是中等以下的人所做的事。"

(《日录》)

佛鉴谓昺首座曰："凡称长老，要须一物无所好。一有所好，则被外物贼^①矣。好嗜欲则贪爱之心生；好利养则奔竞之念起；好顺从则阿谀小人合；好胜负则人我^②之山高；好掊克^③则嗟怨之声作。总而穷之，不离一心，心若不生万法自泯。平生所得莫越于斯，汝宜勉旃^④规正来学。"

注释

①贼：伤害。

②人我：人身固执有一恒常主宰之我的实体，由此执见而生种种的过失。

③掊克：聚敛贪狠。

④旃：之焉。

译文

佛鉴对昺首座说："凡称为长老的，必须要做到不爱好任何东西。一旦有所爱好，就会被外物伤害。爱好欲望过多，贪爱之心就会生起；爱好利养，奔走竞争之念就会生起；爱好顺从，就迎合了阿谀小人的心意；爱好胜负，以我为本、以我为真的执见如同高山一样，其结果就会产生种种过失。爱好聚敛贪狠，叹怨之声就会作起。总而言之，所有所好都不外乎是一心染着的结果。心如不生，万法自行泯灭。我一生所得不过如此，你也应该努力将此作为规范以后学道之人的原则。"

（《南华石刻》）

原典

佛鉴曰："先师节俭，一钵囊①鞋袋，百缀千补犹不忍弃置。尝曰：'此二物相从出关，仅五十年矣，讵肯中道弃之？'有泉南悟上座送褐布裰②，自言得之海外，冬服则温，夏服则凉。先师曰：'老僧寒有柴炭纸衾③，热有松风水石，蓄此奚为？'终却之。"

注释

①**钵囊：**又叫钵袋。盛钵的布囊。
②**褐布裰：**乃冰火二鼠的毛所织成的布。
③**衾：**被子。

译文

佛鉴说："先师十分节俭，缝补了千百次的钵囊和鞋袋还不忍心丢弃。他曾说：'这两件东西随我出夔关以来，将近五十年了，岂肯中途将它们丢弃？'泉南悟上座送了一件褐布裰给先师，并自说这是从海外弄来的，穿上它，冬天温暖，夏天凉爽。先师说：'老僧我冷了有柴炭纸被，热了有松风水石，留此衣做什么用？'先师最终推却了。"

（《日录》）

原典

佛鉴曰："先师闻真净迁化，设位办供，哀哭过礼，叹曰：'斯人难得，见道根柢，不带枝叶。惜其早亡，殊未闻有继其道者，江西丛林自此寂寥①耳。'"

注释

①寂寥：寂静。

译文

佛鉴说："当先师听说真净迁化了，即设灵位供奉，哀哭挽悼之礼太过，叹息道：'真净这个人是难得的人才，他能洞见道的根底，不滞着枝叶琐事。可惜他早亡了，特别是没有听到有可以继承他的道业的人。江西丛林自此恐怕要没有什么声响了。'"

原典

佛鉴曰："先师言，白云师翁平生疏通无城府①。顾义有可为者，踊跃以身先之。好引拔贤能，不喜附离苟合。一榻翛然②，危坐终日。尝谓凝侍者曰：'守道安贫，衲子素分。以穷达得丧移其所守者，未可语道也。'"

注释

①**城府**：心机。
②**翛然**：自由自在。

译文

佛鉴说："先师有言，白云师翁一生为人磊落坦率。见到正义的事，他总是踊跃带头去做。喜欢接引和提拔有贤能的人，而厌恶那些依附苟合权势的人。师翁终日端正坐在禅床上，自由自在。他曾对凝侍者说：'坚守大道，安于贫困，是禅僧本分。因为困窘显达和取得而丧失转移自己所坚守的大道的人，是不可以与他们谈论道的啊。'"

（《日录》）

原典

佛鉴曰："为道不忧则操心不远，处身常逸则用志不大。古人历艰难尝险阻，然后享终身之安。盖事难则志锐，刻苦则虑深，遂能转祸为福，转物为道。多见学者，逐物而忘道，背明而投暗，于是饰己之不能，而欺人以为智；强人之不逮，而侮人以为高。以此欺人，而不知有不可欺之先觉；以此掩人，而不知有不可掩之公论。故自智者，人愚之；自高者，人下之。惟贤者不然，谓事散而无穷，能涯而有尽。欲以有尽之智而周无穷之事，则识有所偏，神有所困，故于大道必有所阙焉。"

译文

佛鉴说："为道不远虑，操守向道的心就不会远大，身体常处在安逸的状态下，他的志向就不大。古人历经艰难险阻，然后道业有所成就，享受终生的安逸。面对难事，意志就坚锐，身处刻苦的环境，就会深思远虑，于是就能转祸为福，转物为道。多见学者，追逐名物而忘却大道，背弃光明而投向黑暗。于是掩饰自己的无能处而欺骗于人，使人认为自己是聪明的；本不及人又要强胜于人而侮慢于人，使人认为自己是高明的。用这些方式去欺侮人，却不知道还有不可欺侮的先觉。用这些方式去掩饰人，却不知道还有不可掩饰的公论。所以，自己认为自己是智慧的人，别人就把他视作是愚蠢的人。自己认为自己是高明的人，别人就把他视作是低下的人。只有有德有才的贤人不会这样。在他们看来，事物分散在宇宙之间，它无穷无尽，而人的能力却是有限的，它是可以穷尽的。如果要以有限的智能而周遍无限的事物，那么，智识一定有所偏离，精神一定有所困惑，所以，对于大道必定有所或缺。"

（《与秀紫芝书》）

原典

佛鉴谓龙牙才①和尚曰："欲革前人之弊不可亟去，须因事而革之，使小人不疑则庶无怨恨。予尝言，住持有三诀②：见事③、能行④、果断⑤。三者缺一，则见事不明，终为小人忽慢，住持不振矣。"

注释

①**龙牙才**：潭州（今湖南长沙）龙牙寺智才禅师，

舒州（今安徽潜山）施氏子，嗣佛鉴勤禅师，南岳下十五世。

②**诀：**秘诀，高明的办法。

③**见事：**见一切事，如杲日当空，毫无隐蔽。

④**能行：**合乎情理的事能义无反顾去践行。

⑤**果断：**判断是非，如明镜当台，一切现形，能当机立断。

译文

佛鉴对龙牙寺智才和尚说："要革除前人的弊端，不可以急迫去除，必须按照不同的具体情况进行革除，从而做到使小人不疑惑，众人无怨恨。我曾经说过，住持有三条秘诀：见事、能行、果断。三者缺一，就不能明见事理，并且终将受小人的忽视和慢怠，住持也就此一蹶不振了。"

原典

佛鉴曰："凡为一寺之主，所贵操履清净，持大信以待四方衲子。差有毫发猥媟^①之事于己不去，遂被小人窥觑，虽有道德如古人，则学者疑而不信矣。"

①猥媟：猥狎，轻慢。

译文

佛鉴说："凡为一寺之主，所贵的是操行清净，持有巨大的信义去接待四方的禅僧。对于自己不去除哪怕是毫发小的差错和轻慢的事情，如被小人窥视，即使你有如同古人一样的道德，那么学者对你就会产生怀疑而不信任你了。"

（《山堂小参》）

原典

佛鉴曰："佛眼弟子唯高庵劲挺不近人情，为人无嗜好，作事无傥①援，清严恭谨，始终以名节自立，有古人之风，近世衲子罕有伦比。"

注释

①傥：同"党"，偏袒。

佛鉴说："佛眼弟子只有高庵劲挺不近人情，他为人没有什么嗜好，做事不偏袒，公正严明，恭敬谨慎，始终以名节自立，有古人的风范，近代禅僧很少有能与他伦比的。"

（《与耿龙学书》）

原典

佛眼远①和尚曰："莅众之容必肃于闲暇之日，对宾之语当严于私昵之时。林下人发言用事，举措施为，先须筹虑然后行之，勿仓卒暴用。或自不能予决，应须谘询耆旧，博问先贤以广见闻。补其未能，烛其未晓，岂可虚作气势，专逞贡高，自彰其丑？苟一行失之于前，虽百善不可得而掩于后矣。"

注释

①**佛眼远：**舒州（今安徽潜山）佛眼清远禅师（公元一〇六七——一一二〇年），嗣五祖演禅师，南岳嗣下十四世。

佛眼清远和尚说："莅临众人时的神情一定要比你在闲暇时庄重，对宾客说话时一定要比与你亲近的人说话时还要慎重。禅林中人说话办事、举动措施一切所为，必须先筹划谋虑，然后再行动，不要仓促、急躁地行事。有的事情自己不能给予决断，就应该向老者咨询，广泛地询问先贤，以此来扩大自己的所见所闻。这样可以弥补和明见自己不能知晓的事情，难道可以虚张声势，专门去夸耀自己的贡献大，而自己去显扬自己的丑行吗？如果一个行动在事先就失败了，即使在事后以百善的行动去弥补，也不能掩盖原先的过失。"

（《与真牧书》）

原典

佛眼曰："人生天地间，禀阴阳之气而成形。自非[①]应真乘[②]悲愿力[③]出现世间，其利欲之心似不可卒去。惟圣人知不可去人之利欲，故先以道德正其心，然后以仁、义、礼、智教化提防之。日就月将，使其利欲不胜其仁、义、礼、智，而全其道德矣。"

注释

①**自非**：苟，假如。

②**真乘**：真实的教法。

③**愿力**：誓愿之力。

译文

佛眼说："人生于天地之间，禀赋了阴阳二气而构成形体。假如人是应真实的教法和佛、菩萨大慈悲所发的誓愿而现身世间的话，那么，人的利欲之心似乎不可能完全去掉。因为圣人知道不可以完全去除人的利欲之心，所以，圣人主张以道德端正人心，然后以仁、义、礼、智去教化、提防人心。通过日积月累，一定会有所成就和进步，这样使人的利欲之心不能胜过人的仁、义、礼、智之心，从而人就能全备道德了。"

（《与耿龙学书》）

原典

佛眼曰："学者不可泥于文字语言，盖文字语言，依他作解，障自悟门，不能出言象之表。昔达观颖①初见石门聪和尚，室中驰骋口舌之辩，聪曰：'子之所说乃纸上语，若其心之精微，则未睹其奥，当求妙悟。悟则超卓杰立，不乘言不滞句，如师子王吼哮百兽震骇。回观文字之学，何啻以什较百、以千较万也。'"

注释

①达观颖：润州（今江苏镇江）金山昙颖禅师，嗣石门聪和尚，南岳下十一世。

译文

佛眼说："学者不可以拘泥于文字语言，因为文字语言是依于其他众缘而做出的解释，它们障蔽自己觉悟的大门，不能获得言语、形象所表征的事物的本质意义。从前达观昙颖初见石门聪和尚的时候，在禅室中驰骋口舌，大显辩才。石门聪说：'你所说的一切，乃是写在纸上的语言，如果就心的精微处而论，那么你并没有洞见它的奥妙，应当求得神妙的开悟。觉悟了就能超出一般，成为杰出的人，不追逐语言，不滞留文句，如同狮子王吼哮百兽震骇一样。反观文字之学，对于心的奥妙而言，何止是以十比较百、以千比较万那样的差别啊！'"

（《龙间记闻》）

佛眼谓高庵曰：“《百丈清规》大概标正检邪，轨物齐众。乃因时以制后人之情。夫人之情犹水也，规矩礼法为堤防。堤防不固必致奔突，人之情不制则肆乱。故去情息妄，禁恶止邪，不可一时亡规矩。然则，规矩礼法，岂能尽防人之情？兹亦助入道之阶墀①也。规矩之立昭然如日月，望之者不迷，扩乎如大道，行之者不惑。先圣建立虽殊，归源无异。近代丛林，有力役规矩者，有死守规矩者，有蔑视规矩者，斯皆背道失理，纵情逐恶而致然。曾不念先圣救末法之弊，禁放逸之情，塞嗜欲之端，绝邪僻之路，故所以建立也。”

注释

①墀：台阶。

译文

佛眼对高庵说：“《百丈清规》大概是用来表彰正气，制止邪气，规范事物，齐整众心。它乃是根据不同时间的具体情况，制定出的调伏后人之情的法规。人的情欲如同水，而规矩礼法如同堤防。堤防不坚固，必遭致崩溃，人的情欲不加以调伏就会肆乱。所以，去除情欲，息灭妄念，禁止邪恶，不可一时没有规矩。那么，规矩礼法难道能彻底防范人的情欲吗？这亦是助人入道的台阶呢。规矩的确立，如同日月一样明显。瞭望它的人，就不会迷惘，扩展开来如同大道。实践它的人，就不会惑乱。先圣建立清规虽然各有不同，但使人归向妙道之域则没有什么不同。近代丛林，有专务规矩的，有死守规矩的，有蔑视规矩的，这都是背道失理，纵情逐恶的结果。曾不念先圣救微末之佛法的弊端，禁止放逸的情欲，堵塞嗜欲的开端，绝断邪僻的道路，所以才建立起《百丈清规》。"

（《东湖集》）

原典

佛眼谓高庵①曰："见秋毫之末者，不自见其睫；举千钧之重者，不自举其身。犹学者明于责人，昧于恕己者，不少异也。"

注释

①**高庵：**南康军（今江西星子）云居高庵善悟禅师，嗣佛眼远禅师，南岳下十五世。

译文

佛眼对高庵说："能看见秋毫之末的人，却看不见自己的睫毛；能举起千钧之重的人，却不能把自己身子举起来。这些与学者指责别人便明，宽恕自己便昧，没有什么差异。"

（《真牧集》）

原典

高庵悟和尚曰："予初游祖山，见佛鉴小参^①，谓贪欲嗔恚^②，过如冤贼，当以智敌之。智犹水也，不用则滞，滞则不流，不流则智不行矣。其如贪欲嗔恚何？予是时虽年少，心知其为善知识也，遂求挂搭^③。"

注释

①**小参**：早参和晚参以外不定时地说法。
②**嗔恚**：仇恨，怒恨。
③**挂搭**：挂钵搭衣，指僧人投寺寄寓。

译文

高庵悟和尚说："我初次游历祖山的时候，看见佛鉴在向僧徒说法。他认为，贪得无厌之心，忿怒和损害他人之心，其毒害远比冤家对头厉害，应当以智慧战胜它们。智慧如同水，不用就停滞，停滞了就不流动，不流动，智慧就不能推行了。将如何对待贪欲和嗔恚之毒呢？我这时虽然年少，但闻此开示，心知佛鉴是善知识，于是我要求挂钵搭衣而寄身禅林。"

（《云居实录》）

原典

高庵曰："学者所存中正，虽百折挫而浩然无忧。其或所向偏邪，朝夕区区①为利是计，予恐堂堂之躯，将无措于天地之间矣。"

注释

①区区：卑小之称，犹碌碌。

译文

高庵说："学者要心存公正，即使经受众多挫折，但有正大刚正的精神就不会忧愁。如果存有偏邪之心，整天为区区小利而计较，我担心堂堂七尺之躯，将无法立于天地之间了。"

（《真牧集》）

原典

高庵曰："道德仁义不独古人有之，今人亦有之。以其智识不明，学问不广，根器①不净，志气狭劣，行之不力，遂被声色所移，使不自觉。盖因妄想情念积习浓厚，不能顿除，所以不到古人地位耳。"

注释

①**根器**：植物之根能生长枝干花叶，器物能容物，然所生所容，有大小、多寡之不同；修道者能力亦有高下，故以根器喻之。

译文

高庵说："道德仁义不只是古代人有，现代人也有。只是因为今人智慧见识不明了，学问不广博，根器不清净，志气狭小而卑劣，行动不努力，于是被声色所转移，终使他们不能自觉。这大概是因为妄想情念积习太浓厚，以致不能顿除，这也就是为什么今人没能达到古人那样地位的原因吧。"

（《与耿龙学书》）

原典

高庵闻成枯木①住金山受用侈靡，叹息久之，曰："比丘之法，所贵清俭，岂宜如此？徒与后生辈习轻肥②者，增无厌之求，得不愧古人乎？"

注释

①**成枯木**：东京（今河南开封）净因枯木法成禅师，河朔（指黄河以北）人，嗣芙蓉道楷禅师，青原下十二世，生平好坐枯木禅，故以枯木称之。

②**轻肥**："轻裘肥马"的略语，形容豪华的生活。

译文

高庵听说枯木法成禅师住金山寺的时候，受用十分侈靡。高庵为此叹息很久，并说道："和尚的法规，所崇尚的是清淡节俭，难道应该如此奢侈浪费吗？只是与后生之辈学习豪华的生活方式，增强无满足的欲求，难道不有愧于古人吗？"

（《真牧集》）

高庵曰："住持大体以丛林为家，区别得宜，付授当器①。举措系安危之理，得失关教化之源。为人范模安可容易？未见住持弛纵而能使衲子服从，法度凌迟而欲禁丛林暴慢。昔育王谌遣首座②，仰山伟贬侍僧③，载于典文，足为令范。今则各徇私欲，大堕百丈规绳。懒于夙兴，多缺参会礼法。或纵贪饕④而无忌惮，或缘利养而致喧争，至于便僻丑恶靡所不有。呜呼！望法门之兴，宗教之盛，讵可得耶？"

注释

①**器**：美器。

②**育王谌遣首座**：育王谌即育王寺无示介谌禅师。浙江永嘉人，得法于长灵卓禅师，系南岳下十五世。遣首座的缘由：当年介谌禅师任育王寺住持的时候，有一天因为普请，寺内首座推称疾病不参加。但却和一位年轻僧人出外游玩，此事被寺内执事告发，介谌禅师击钟集会，当众斥责，并且要把他驱逐出山门，因众人求情才免，但已卸去首座的职位，改命守在择木堂做知客。首座闷闷不乐。有一天郡守来到，首座也不相呼也不理会，却和从前那一位年轻僧人闲聊。介谌禅师震怒，就

呼唤二人来到跟前，痛斥教训后驱逐出寺。

③**仰山伟贬侍僧**：仰山伟即仰山行伟禅师，河朔人，嗣黄龙禅师，南岳下十二世。贬侍僧的缘由：仰山行伟禅师行事严厉，曾把十二名寺众交付维那师，要他们明天以前来方丈室报到听从派遣职事。不料少了一人，经查询得知是随州永泰。首座告诉他：永泰游山尚未回寺，不妨改派他人担任。行伟禅师亦允诺。不久有人密告永泰并未外出，人在寺中，不过首座藏而不报而已。果然经搜寻发现永泰。永泰告之，因身子孱弱，恐怕无法胜任，首座并不知情，请不要错怪他。行伟禅师就击钟召集大众，当面直言：身为一个首座自欺又欺人。罚令二人出院，不予收容。

④**贪饕**：贪财，贪食。

译文

高庵说："住持大体当以丛林为家业，无论做什么事，都应该区别得当，授责任与人须选优良的人来担当。应懂得一举一止关系到丛林安危的道理，得失总成教化之源。做别人的模范，难道是件容易的事情吗？没有见到无所约束的住持能使禅僧服从的。一寺的制度被扼杀，那么寺中必弥漫一种暴虐骄慢的风气。从前育王寺介谌禅师放逐了寺院的首座，仰山行伟禅师贬谪了侍僧，这些都被载入了典文，它足以能成为法门令范。而今却各自徇私枉情，使百丈清规大大堕落。懈怠于早早兴起的私欲，太多地缺乏参究领会礼制法规。有的肆无忌惮地纵情贪财，有的为了利养而进行喧闹争夺，至于善于逢迎谄媚的丑恶行径更是无所不有。可悲可叹啊！希望佛门和宗教的兴盛，难道靠这样可以得到吗？"

（《龙昌集》）

原典

高庵住云居，每见衲子室中不契其机者，即把其袂^①，正色责之曰："父母养汝身，师友成汝志，无饥寒之迫，无征役之劳，于此不坚确精进，成办道业，他日何面目见父母、师友乎？"衲子闻其语，有泣涕而不已者。其号令整严如此。

注释

①袂：袖子。

译文

高庵住云居寺的时候，每当见到禅僧入室答语不能契合他的机缘的时候，就会卷起袖子，正色地责斥他们说道："父母养育了你们的身体，师友成全了你们的志向，你们没有无衣无食的困苦，没有征战徭役的劳苦，如此却不坚定地精心一志，努力上进，成办自家道业，以后有什么脸面去见你们的父母、师友呢？"僧徒们听了高庵的这番话，有的泣涕不止。高庵的号令就是如此的严正。

（《且庵逸事》）

原典

高庵住云居，闻衲子病，移延寿堂。咨嗟①叹息，如出诸己，朝夕问候，以至躬自煎煮，不尝不与食。或遇天气稍寒，拊其背曰："衣不单乎？"或值时暑，察其色曰："莫太热乎？"不幸不救，不问彼之有无常住，尽礼津送。知事或他辞，高庵叱之曰："昔百丈为老病者立常住，尔不病不死也？"四方识者高其为人。及退云居过天台，衲子相从者仅五十辈，间有不能往者泣涕而别，盖其德感人如此。

注释

①**咨嗟**：叹息。

高庵住云居寺的时候，听说僧徒有了病，就把他们移到延寿堂。他对僧徒的病总是叹息，如同自己生病一样，早晚去问候他们，甚至于亲手煎药，自己尝了以后再给病人吃。有时遇到天气稍微寒冷了，就拍着他们的背问："衣服薄不薄啊？"有时正值盛夏，他观察着他们的气色，然后问他们："不太热吧？"遇到不幸病亡者，也不计较他有没有蓄养衣钵等物，高庵都能尽丛林之常礼，送津贴或赠丧费。一位司理寺院事务的知事对高庵这种做法有不同的看法，高庵叱责他道："从前百丈怀海也为年老的和有病的禅僧设立常住，你能不生病，不老死吗？"四方有见识的人都崇尚高庵的为人。他从云居寺退隐而去了天台，相从他的僧徒只有五十余人，而不能与他同往的人都痛哭地和他告别。高庵的道德就是如此的感人。

（《山堂小参》）

原典

高庵退云居，圆悟欲治佛印卧龙庵为燕休之所。高庵曰："林下人苟有道义之乐，形骸可外。予以从心之年①，正如长庚晓月，光影能几时？且西山、庐阜林泉相属，皆予逸老之地，何必有诸己，然后可乐耶？”未几②，即曳杖过天台，后终于华顶峰。

注释

①**从心之年**：即七十岁。

②**未几**：不久，没多时。

译文

　　高庵从云居寺退休了，圆悟欲修治佛印禅师所创的卧龙庵为其安闲休老之所。高庵说：“林下之人，如果有行道义的快乐，那么，就可以抛弃身体的享受。我已经是七十岁的人了，这种年龄的人就像拂晓时的月亮，光影能有几时呢？况且西山、庐阜山林泉石相望之处，它们都是我安享晚年的地方，何必要有自家所治之所，然后才可认为是快乐的呢？”不久，高庵就拖着禅杖去了天台，后在华顶峰迁化。

（《真牧集》）

原典

　　高庵曰：“衲子无贤愚，惟在善知识委曲以崇其德业。历试以发其器能，旌奖以重其言，优爱以全其操。

岁月积久，声实并丰。盖人皆含灵，惟勤诱致。如玉之在璞，抵掷则瓦石，琢磨则圭璋[1]；如水之发源，壅阏则淤泥，疏浚则川泽。乃知像季[2]非独遗贤而不用，其于养育劝奖之道，亦有所未至矣。当丛林殷盛之时，皆是季代弃材。在季则愚，当兴则智。故曰，人皆含灵，惟勤诱致。是知学者才能与时升降。好之则至，奖之则崇，抑之则衰，斥之则绝。此学者道德才能消长之所由也。"

注释

①圭璋：玉器。

②像季：像法之末季。佛灭后五百为正法时代，又一千年为像法时代。

译文

高庵说："禅僧没有贤愚的区别，唯在善知识委婉曲成，使他们成就道德因缘。通过久试以发现他们的才能，通过表彰以重视他们的言语，通过优爱以全备他们的操行。经过月积年累，名实将一并丰富。因为人都是含灵之物，只要勤勉地加以诱导就可以如此。如含着玉的石头，把它扔掉了，就与瓦石一样，而如经过琢磨，就成玉器。如水的发源地，堵塞了就成淤泥，疏通了就形成河流湖泽。由此而知，佛法像法的后期，不只是遗弃贤能而不用，而对于养育劝奖之道也有所未到。当丛林盛旺的时候，那一班人因为欠缺师家的教诲抚育，都成了末代的弃材。所以，在末世，无人抚养就是愚人。在兴时，有人诱诲即是智者。所以说，人都是含灵之物，只要勤勉地加以诱导就可成材。由此可知，学者的才能随时代的升降而升降。主人喜爱学者才能，就会有众而至；奖励学者才能，就能受到推崇；贬抑学者才能，就会趋于衰败；斥责学者才能，就会遭致绝灭。这就是学者的道德与才能消长的原因所在。"

（《与李都运书》）

原典

高庵曰："教化之大，莫先道德礼义。住持人尊道德，则学者尚恭敬；行礼义，则学者耻贪竞。住持有失容之慢，则学者有凌暴之弊；住持有动色之诤，则学者有攻斗之祸。先圣知于未然，遂选明哲之士主于丛林，使人具瞻①不喻而化。故石头②、马祖道化盛行之时，英杰之士出，威仪柔嘉，雍雍肃肃，发言举令，瞬目扬眉，皆可以为后世之范模者，宜其然矣。"

①具瞻：为众人所（视、望）瞻仰。

②石头：南岳石头希迁禅师（公元七〇〇—七九〇年），端州高要(今广东肇庆)陈氏子，嗣青原行思禅师，后于衡岳寺之东有石状如台，师结庵居之，故称石头，谥号无际大师。

译文

　　高庵说："教化最重要的是要先实行道德礼义，住持尊奉道德，学者就会崇尚恭敬；住持实行礼义，学者就会鄙视贪欲奔竞。住持有失态的怠忽，学者就有欺凌强暴的弊端；住持不庄重而有动色的诤告，学者就有争斗的祸患。先圣在事没有发生以前就会有所知晓，于是选择智慧卓越的人主于丛林，使人仰慕他们的德行，做到不经开导而自行教化。所以石头、马祖以道教化的盛行时期，英杰之士辈出。他们威仪柔顺而美善，温和而严正；他们发表意见，施行法令，甚至他们的眨眼扬眉，都成为后世应该效法的模范了。"

（《与死心书》）

原典

高庵曰："先师尝言，行脚出关，所至小院①多有不如意事，因思法眼②参地藏，明教见神鼎时，便不见有烦恼也。"

注释

①小院：小庵书院。

②法眼：金陵（今江苏南京）清凉院法眼文益禅师（公元八八五—九五八年），余杭（今属浙江）鲁氏子。

译文

高庵说："先师曾经说过，自他从临印发足行脚出夔关，凡到小庵书院，多遇有不如意之事，因为想到法眼禅师当初参学地藏时，以及明教禅师参见神鼎时所备尝的艰苦，胸中便不见有烦恼的事了。"

（《记闻》）

原典

高庵表里端劲，风格凛然，动静不忘礼法。在众日，屡见侵害，殊不介意。终身以简约自奉。室中不妄许可。稍不相契，必正色直辞以裁之，衲子皆信服。尝曰："我道学无过人者，但平生为事无愧于心耳。"

译文

高庵内里端庄，外表刚直，风范格调凛然不可侵犯，而且动静之间都不忘礼法。在众多的日子里，屡被侵害，但他都不很介意。他终身把简约当作自己遵奉的信条。在禅室中他从不胡乱许可印证于人。见禅僧稍有与佛法不相契合的言行，他一定会正色直言去裁制他们，禅僧们都很信服他。高庵曾说："我的道德学问没有什么超过别人的地方，只是平生做事求得无愧于心而已。"

原典

高庵住云居，见衲子有攻人隐恶者，即从容谕之曰："事不如此，林下人道为急务，和乃修身，岂可苟纵爱僧，坏人行止？"其委曲如此。师初不赴云居命，佛眼遣书勉云："云居甲于江左，可以安众行道，似不须固让。"师曰："自有丛林已来，学者被遮般名目坏了节义者，不为不少。"佛鉴闻之曰："高庵去就，衲子所不及。"

高庵住云居寺的时候，看见有的禅僧攻击别人的隐恶，就从容地告诉这些人说："不能像这样行事，林下人以道德为急要的任务，和合乃修身之本，怎么可以苟且放纵爱憎之情，毁坏了做人的行止呢？"高庵就是如此地委曲行事。他起初不愿赴云居寺的邀请，佛眼和尚派人送书信一封，并劝勉道："云居寺是江东最好的寺刹，可以安众行道，今既有请，似乎不须再三推让。"高庵师说："自有丛林以来，学者被这般名目破坏了自身义节的人很多。"佛鉴听了高庵的话说道："高庵取舍去就，是一般禅僧所不及的。"

（《记闻》）

原典

高庵劝安老病僧文曰："贫道尝阅藏教，谛审佛意，不许比丘坐受无功之食，生懒堕心，起吾我见。每至晨朝，佛及弟子持钵乞食不择贵贱，心无高下，俾得福者一切均溥。后所称常住者，本为老病比丘不能行乞者设，非少壮之徒可得而食。逮佛灭后，正法世中亦复如是。像季以来，中国禅林不废乞食，但推能者为之。所得利养聚为招提①，以安广众，遂辍逐日行乞之规也。

"今闻数刹住持不识因果，不安老僧。背戾佛旨，削弱法门。苟不住院，老将安归？更不返思常住财物本为谁置，当推何心以合佛心？当推何行以合佛行？昔佛在日，或不赴请，留身精舍②，遍巡僧房，看视老病，一一致问，一一办置，仍劝请诸比丘递相恭敬。随顺方便，去其嗔嫌。此调御师统理大众之楷模也。

　　"今之当代，恣用常住，资给口体，结托权贵。仍隔绝老者病者，众僧之物掩为己有。佛心佛行，浑无一也。悲夫！悲夫！古德云：'老僧乃山门之标榜也。'今之禅林百僧之中无一老者。老而不纳益之，寿考之无补，反不如夭死。愿今当代各遵佛语，绍隆祖位，安抚老病。常住有无，随宜供给。无使愚昧专权灭裂，致招来世短促之报，切宜加察。"

注释

①**招提**：寺院。
②**精舍**：称僧居住或讲道说法之所为精舍。

译文

　　高庵在发布劝慰年老有病禅僧的文告中说："贫道我曾经阅读藏经诸教典籍，谛实审评如来意旨，都是主张和尚不许坐受无功之食，生起懒惰之心和人我之见。所以，每到晨朝，佛及弟子躬自持钵乞食，不分贵贱，心无高下，使大家均分一切幸福。后来称作常住的僧物，本来就是为不能行乞的年老有病的和尚而设的，而这些常住物，少壮之徒是不能得而食之的。等到佛灭以后，正法流行之际，丛林中也照样如此。从佛法流行的后期以来，中国禅林没有废止乞食，而只是推举有能力的人去做这件事。把所得的利养财物聚放在寺院，以此去安度广大的众僧。于是便止逐日行乞的规定。

"现今听说有几处寺院住持不识因果之理，不去安顿年老僧人，违背佛旨，削弱法门。如果你不住在寺院，老了以后将归于何处？更不反思常住财物本来为谁置备的，应当推求什么心去合符佛心？应当推求什么行力去合符佛行？从前佛在世的时候，如果不赴外请，留存自己在精舍中，那么他总是要遍巡僧房，去探视年老和有病的僧，一一向他们致以问候，为他们置办好一切。而且劝请各位和尚顺次互相恭敬。随顺方便，去除仇恨和怨气。这真是调御师统和摄理大众的楷模。

"现如今的住持，任意消费常住僧物，以供自己享受，并作为结交依托权贵之人的资本。他们还隔绝老僧病僧，把众僧之物掩覆并据为己有。这些人已全无佛心佛行了。可悲啊！可悲！古德说：'老僧乃是禅门荣耀的标志。'现在禅林有数百僧，但其中没有一个老僧。老了就不能享受禅林之益，那么高寿就没什么用处了，反而不如早死为妙。但愿现今当代住持，各自遵循佛语，继承隆重兴祖业，安抚老病禅僧。不管有没有常住财物，应随时供给老病者。不要使愚昧、专权、灭裂的事兴起，从而招致来世短命促死的报应。对此应该切实加以视察。"

原典

觉范和尚题灵源门榜①曰："灵源初不愿出世，堤岸甚牢。张无尽②奉使江西，屡致之不可。久之，翻然改曰：'禅林下衰，弘法者多，假我偷安，不急撑拄之，其崩颓踬③可须也。'于是开法于淮上之太平。予时东游登其门，丛林之整齐，宗风之大振，疑百丈无恙时不减也。"后十五年见此榜于逢原之室，读之凛然如见其道骨。山谷为擘窠④大书，其有激云："呜呼！使天下为法施者，皆遵灵源之语以住持，则尚何忧乎祖道不振也哉？传曰：'人能弘道，非道弘人。'灵源以之。"

注释

①榜：匾。

②**张无尽**：宋丞相张商英，字天觉，号无尽居士。宋哲宗元祐六年（公元一〇九一年）为江西漕运使，参兜率悦禅师得悟。

③**跬**：半步。

④**擘窠**：古人写碑为求匀整，有以横直界线画成方格者，叫"擘窠"。后泛指大字为擘窠书。

译文

　　觉范和尚在为灵源门匾题词中说道："灵源起初不愿出世，其心意如堤防般牢固。张无尽奉命出使江西，屡次至灵源处劝说，但灵源始终不肯。过了很久，灵源很快而彻底地改变了自己的初衷，说道：'禅林衰微，多需弘扬佛法的人，假如我苟且偷安，不赶急撑住这崩颓之势，半步之间即可出现危险。'于是灵源在淮上太平禅院开堂说法。我那时东游来到太平，看到丛林整齐，宗风大振，怀疑与百丈住世无恙时没有两样。"十五年以后看到此榜文挂于逢原室中，读它使人肃然起敬，如见灵源的超然气概。山谷居士专门作八分楷书书此榜文，末有激励于后人之语说："呜呼！使天下施行佛法的人，都遵循灵源所说的去做寺院的住持，那么，还有什么担忧佛祖之道不能振兴的呢？传说：'人能够使道扩大充实，不是用道来扩大人。'灵源正是能够使道扩大充实的人。"

（《石门集》）

原典

归云本①和尚《辩佞篇》曰："本朝富郑公②（弼）问道于投子颙③禅师。书尺、偈颂凡一十四纸，碑于台之鸿福两廊壁间。灼见前辈主法之严，王公贵人信道之笃也。郑国公社稷重臣，晚年知向之如此，而颙必有大过人者，自谓于颙有所警发。士夫中谛信此道，能忘齿屈势，奋发猛利，期于彻证而后已。如杨大年④侍郎、李和文⑤都尉，见广慧琏、石门聪并慈明诸大老激扬酬唱，班班见诸禅书。杨无为之于白云端，张无尽之于兜率悦⑥，皆扣关击节，彻证源底，非苟然者也。近世张无垢⑦侍郎、李汉老⑧参政、吕居仁⑨学士，皆见妙喜老人。登堂入室，谓之方外道友。爱憎逆顺，雷挥电扫，脱略世俗拘忌。观者敛衽⑩辟易⑪，网窥涯涘。然士君子相求于空闲寂寞之滨，拟栖心禅寂，发挥本有而已。后世不见先德楷模，专事谀媚曲求进显。凡以住持荐名为长老者，往往书刺⑫以称门僧，奉前人为恩府，取招提之物，苞苴献佞，识者悯笑而恬不知耻。

"呜呼！吾沙门释子，一瓶一钵，云行鸟飞。非有冻馁之迫，子女玉帛之恋，而欲折腰拥彗[13]，酸寒局蹐[14]，自取辱贱之如此邪？称恩府者出一己之私，无所依据，一妄庸唱之于其前，百妄庸和之于其后。拟争奉之，真卑小之耳。削弱风教莫甚于佞人，实奸邪欺伪之渐。虽端人正士巧为其所入，则陷身于不义，失德于无救，可不哀欤？破法比丘魔气所钟[15]，诳诞自若。诈现知识身相，指禅林大老为之师承，媚当路贵人为之宗属，申不请之敬，启坏法之端，白衣登床，膜拜其下，曲违圣制，大辱宗风，吾道之衰极至于此，呜呼！天诛鬼录[16]，万死奚赎，非佞者欤？

"嵩禅师《原教》有云：'古之高僧者，见天子不臣，预制书则曰公、曰师。钟山僧远鸾舆及门而床坐不迎，虎溪慧远天子临浔阳而诏不出山。'当世待其人尊其德，是故圣人之道振。后世之慕其高僧者，交卿大夫尚不得预下士之礼，其出其处不若庸人之自得也，况如僧远之见天子乎？况如慧远之自若乎？望吾道兴吾人之修，其可得乎？存其教而不须其人，存诸何以益乎？惟此未尝不涕下。淳熙丁酉，余谢事显恩，寓居平田西山小坞，以日近见闻事多矫伪古风凋落，吾言不足为之重轻，聊书以自警云。"

注释

①**归云本**：抚州（今江西临川）疏山归云如本禅师，嗣灵隐惠远禅师，南岳下十六世。

②**富郑公**：富弼，字彦国，河南人，宋仁宗拜为郑国公，谥文忠定公，得法于投子修颙禅师。

③**投子颙**：舒州（今安徽潜山）投子悟证修颙禅师，北宋人，嗣慧林宗本禅师，青原下十二世。

④**杨大年**：杨亿，字大年，宋建州浦城（今属福建）人，谥文正公，官至翰林，得法于广慧元琏禅师。

⑤**李和文**：即李遵勖，号和文居士，宋汴州（今河南开封）人，得法于谷隐蕴聪禅师，卒谥和文。

⑥**兜率悦**：隆兴府（今江西南昌）兜率寺从悦禅师（公元一○四四—一○九一年），赣州（今江西赣县）熊氏子，嗣真净文禅师。

⑦**张无垢**：讳九成，字子韶，号无垢居士，南宋钱塘（今浙江杭州）人，得法于妙喜杲禅师。

⑧**李汉老**：李邴，字汉老，得法于妙喜禅师。

⑨**吕居仁**：吕本中，字居仁，问道于妙喜禅师。

⑩**敛衽**：整整衣襟，表示恭敬。

⑪**辟易**：惊退。

⑫**书刺**：名帖。

⑬**拥彗**：古人迎候尊贵，常拥彗以示敬意。"彗"，扫帚。

⑭**局蹐**：形容畏缩不安，不舒展。

⑮**钟**：汇聚，积聚。

⑯**鬼录**：冥间死人的名册。

译文

归云如本和尚《辩佞篇》说："本朝（宋朝）富弼郑公向投子修颙禅师问道。他们俩往来书尺、偈颂一十四纸，被碑记于台州鸿福寺的两廊壁间。由此可灼见前辈主张法度的严肃性，王公贵人信向此道如此笃厚。富弼郑国公是国家的重臣，晚年也如此地志向佛道，说明投子修颙禅师必定有大大超过别人的地方。郑国公自己认为在投子修颙禅师那里有所警策，能发妙悟。在士大夫中有确信佛道，能忘记年龄以及能屈势不拘其位，奋发猛进，期望能彻底证悟的人，例如杨大年侍郎、李和文都尉。他们看见广慧元琏、石门聪以及慈明诸长老激动昂扬地用诗词互相赠答，这些都明白地记载在禅书之中。杨无为与白云端，张无尽与兜率从悦，也都互相扣其机关，击其节要，以求彻证万事万物的源底，绝不苟且从事。近世张无垢侍郎、李汉老参政、吕居仁学士，他们都问道于妙喜老人。他们登禅堂入奥室，称他们是出尘劳方隅的方外道友。爱憎、逆顺像雷挥电扫一般，迅速泯灭，洒脱超略了世俗的种种拘忌。看到如此道高的人，人们会恭敬无比，甚至会惊退不敢正视他们，而且也无法窥视到他们道术的极限。然而，士君子们相求于空闲寂寞之滨，想要使心得到栖息，思虑得到寂静，待其发挥本来所有妙性而已。而后世已见不到先辈们的道德楷模，专门从事谀媚曲求那些显达之人的活动。凡是丛林中以住持荐名为长老的，往往写名帖自称某某门僧，奉承面前贵姓为恩府大檀越，取寺院共有财物去做贿赂献媚的事，有见识的人都会怜悯和耻笑这些人的恬不知耻。

"呜呼！我佛门释子，理应效法佛一瓶一钵，如云出岫，如鸟高飞。没有饥寒交迫和子女玉帛之恋，却要折腰拥彗向尊贵表示敬意，甚至表现出寒酸、畏缩不安的样子，这不是自找的辱贱吗？称恩府的人，是出于一己的私利而无所依据，一个妄庸之人在前面先唱，一百个妄庸之人在后面随声应和。想要争相奉承尊贵的人是十足的卑鄙小人。没有比善以巧言献媚的人更能削弱风教的了，这实在是奸邪欺伪侵蚀的结果。即使是端正的人士，一旦被人巧妙设计而落入圈套，他们就会使自己陷于不义，丧失道德而无所救治，这不是很悲哀的事吗？破坏佛法的和尚，魔气汇聚全身，即便做了欺骗荒诞的事，也像没事一样。假装表现出有知识的样子，指认禅林有名望的大老为自己的师承，巴结当权贵人为自己的宗属。这种虚伪的自我宣传，不请而自居的诳骗，开启败坏佛法的先河，使白衣俗人登上宝座，反而使戒行僧向其礼拜，而此是歪曲违背圣制，大大污辱了宗风，佛道竟然衰败到这样极端的地步。呜呼！即便是天杀鬼取，死去一万次，又怎么能赎清他们的罪孽？这难道不全是由奸佞小人所造成的吗？

"明教嵩和尚有《原教论》云：'古代高僧，不以臣子的礼节拜见天子，凡预有诏命之书，则称他们为某公某师。钟山僧远大师不去远迎天子的鸾驾，而只是坐在床上等待天子的到来。虎溪慧远大师，天子亲临浔阳诏令他出山相见，但慧远推辞老病而不出。'当时等待的正是这种人，尊崇的正是这种德行，所以，圣人之道得以振兴。后世的人仰慕的高僧，与卿大夫交往尚不得预行下士的礼节，出入卿大夫的住处还不如平常人自由，又如何能像僧远大师那样见天子呢？如何能像慧远大师那样面对诏令而镇定如常呢？希望佛教得到兴隆，佛僧得到修养，照此下去，又怎么能实现呢？虽有其教法而不见有真修之师，不见有真慕之士，存此教法又有什么益处呢？如此，未尝不使人流泪。淳熙丁酉，我辞去了寺中事务，寓居在平田西山小坞。因为近来听到、看到许多矫伪古风的事情以及禅林寺院凋落的现象，以上的话，我深知所说不足以成为衡量判断丛林是非的标准，只是书此聊以警示自己而已。"

（《丛林盛事》）

原典

圆极岑①和尚跋云："佛世之远，正宗淡薄，浇漓风行无所不至。前辈凋谢，后生无闻，丛林典刑几至扫地。纵有扶救之者，返以为王蛮子也。今观疏山本禅师，《辩佞》词远而意广，深切着明，极能箴其病。第妄②庸辈智识暗短，醉心于邪佞之域，必以醍醐③为毒药也。"

注释

①**圆极岑**：太平州（今安徽当涂）隐静圆极彦岑禅师，抚州（今江西抚州）人，嗣云居法如禅师，南岳下十六世。

②**第妄**：但，只。

③**醍醐**：佛教用以比喻一乘教义。

圆极彦岑和尚在为归云本和尚的《辩佞篇》所写的跋中指出："佛去世至今已经很遥远了，佛教正宗的宗风已经非常淡然微薄了，矫揉造作、虚伪不实的风行弥漫丛林。前辈凋谢了，后世默默无闻。丛林的典章刑法、威信几乎扫地而尽。纵使有挽救这一颓势的人，反被认为是法门中奴。现在看到疏山归云本禅师所著的《辩佞篇》，其词远而意广，所论深切着明，极能规诫丛林的弊端。只是庸俗之辈，不明和缺乏智识偏偏醉心于邪佞之务，一定要把一乘教义当作毒药去服。"

（《丛林盛事》）

原典

东山空①和尚答余才茂借脚夫书云："向辱②枉顾荷爱之厚，别后又承惠书，益自感愧。某本岩穴间人，与世漠然，才茂似知之。今虽作长老居方丈，只是前日空上座。常住有无一付主事，出入支籍，并不经眼。不畜衣钵，不用常住，不赴外请，不求外援，任缘而住，初不作明日计。才茂既以道旧见称，故当相忘于道。

"今书中就觅数脚夫，不知此脚出于常住耶？空上座耶？若出于空，空亦何有？若出常住，是私用常住。

一涉私则为盗，岂有善知识而盗用常住乎？公既入帝乡^③求好事，不宜于寺院营此等事。公闽人，所见所知皆闽之长老。一住着院则常住尽盗为己有，或用结好贵人，或用资给俗家，或用接陪己知，殊不念其为十方常住招提僧物也。

"今之戴角披毛，偿所负者，多此等人。先佛明言可不惧哉？比年以来，寺舍残废，僧徒寥落，皆此等咎。愿公勿置我于此等辈中。公果见信则他寺所许者，皆谢而莫取，则公之前程未可量也。逆耳之言不知以谓如何？时寒，途中保爱。"

注释

①**东山空**：福州雪峰东山慧空禅师，嗣泐潭善清禅师，南岳下十四世。

②**辱**：承蒙。

③**帝乡**：即京城。

译文

东山慧空和尚在答复余才茂有关借脚夫一事的信中说道："前个时候承蒙你屈尊相顾，感荷爱念之情甚厚。离别且又承蒙惠写大函，这就更使我感动和惭愧。我本是个隐居的人，不关心世间之事，才茂似乎也知道我的这一情况。现如今虽然做了长老，居于方丈，但只空有上座的尊称罢了。寺院的所有大小财物都交付由主事管理，账目以及捐税的支出，我并不亲自过目。我不积储衣钵，不用常住僧物，不赴外面的邀请，不求外面的支援，一任机缘而行，起初我并不为今后做什么计划。才茂既然与我以老道友相称，所以应当相忘于道。

"今你信中说正要寻找一些脚夫，但不知这些脚夫的开支还是出之于常住呢？还是出之于空上座呢？如出之于空上座，我一无所有。如出之于常住，那我就是私用常住，而一涉及私用，就无异于盗用了。哪里有善知识去盗用常住的呢？你既然进入京城，求得好的差事，不应该在寺院经营这等事情。你是福建人，所见所知都代表福建长老的形象。一旦执着寺院事务，就会把寺院常住财物全盗为自己所有。有的用它去结交讨好贵人，有的用它去供给俗家，有的用它接待知己。殊不知那些东西是十方常住，是寺院的僧物啊！

"如今那些戴角披毛，偿还所负债务的，多是此等盗用常住之人。先佛明言因果，可以视如儿戏而不有所惧怕吗？近年以来，寺舍残废，僧徒寥落，也都是此等人造成的灾祸。但愿你不要把我置于此等人之中。你果真信赖我，那么，别的寺院允许给予你的，你都应该谢而不要，如此，你的前程将不可限量。逆耳之言，不知你认为怎么样？时下天气寒冷，望途中保护和爱惜自己。"

（《语录》）

原典

浙翁琰①和尚云："此书真阁老子殿前一本赦书也。今之诸方道眼不知若何，果能受持此书，则他日大有得力处。"浙翁每以此举似于人。璨隐山②亦云："常住金谷除供众之外，几如鸩毒，住持人与司其出入者才沾着则通身溃烂，律部载之详矣。古人将钱就库下，回生姜煎药盖可见。今之踞方丈者，非特刮众人钵盂中物以恣口腹，且将以追陪自己非泛人情。又其甚，则剜去搜买珍奇广作人情，冀迁大刹。只恐他日铁面阁老子与计算哉！"

注释

①**浙翁琰**：金陵（今江苏南京）钟山如琰禅师，号浙翁，嗣佛照光禅师，南岳下十八世。

②**璨隐山**：漳州（今福建龙溪）净众寺佛真了璨禅师，嗣佛鉴勤禅师，属南岳下十六世。

译文

浙翁如琰和尚说："东山慧空答才茂书真是阎魔王殿前一本赦免罪恶的书。现今各方丛林具有观道眼力的人见此书不知怎样想。果真能据此书，所说而行，那么今后就会大有得力的用处。"浙翁常常举此书以示人。璨隐山也说："寺院的常住金银谷物，除了供给众僧以外，其他的几乎如同毒酒。住持僧与库司僧如稍有侵占常住，就会全身溃烂，佛教律法有详细的记载。瑞州洞山自宝禅师将钱物都存入库中，寺中一僧因病，令侍者从库中取生姜煎药，自宝禅师为此叱责了该僧。该僧于是又让人取钱买回生姜。从这里可见古人不许有人侵占常住。现如今踞于方丈之位的人，不但搜刮众僧钵盂中的食物来放纵自己食欲，而且把人情只送给追随自己的那些人。更有甚者，有的方丈挖掘和搜买珍奇宝物，作馈赠之用，以此去广做人情，并最终希望能迁入更大的寺庙。只恐怕他日铁面阎魔王要与你们的所作所为算账的！"

（《拈崖漫录》）

4 卷三

　　雪堂行①和尚住荐福，一日问暂到僧："甚处来？"僧
云："福州来。"雪堂云："沿路见好长老么？"僧云："近
过信州，博山住持本和尚②，虽不曾拜识，好长老也。"
雪堂曰："安得知其为好？"僧云："入寺路径开辟，廊庑
修整，殿堂香灯不绝，晨昏钟鼓分明，二时粥饭精洁，
僧行见人有礼，以此知其为好长老。"雪堂笑曰："本固贤
矣，然尔亦具眼③也。"直以斯言达于郡守吴公傅朋曰：
"遮④僧持论颇类范延龄荐张希颜事，而阁下之贤不减张
忠定公。老僧年迈，乞请本住持，庶几为林下盛事。"吴
公大喜，本即日迁荐福。

①**雪堂行**：衢州（今浙江衢州市）乌巨山雪堂道行禅师，迅州业氏子，嗣佛眼远禅师，南岳下十五世。

②**本和尚**：悟本和尚，江州（今湖北汉川）人，嗣大慧禅师，南岳下十六世。

③**具眼**：具有鉴别事物的眼光识力。

④**遮**：通"者"，这。

译文

雪堂道行和尚住荐福寺时，一日他向刚来寺院的僧问道："什么地方来的？"该僧说："从福州来的。"雪堂说："沿路上见到好长老了吗？"僧说："不久前路过信州，虽然不曾拜识博山住持悟本和尚，但我觉得他是一位好长老。"雪堂说："你怎么知道悟本和尚是好长老呢？"僧说："该寺路径开阔，走廊修整，殿堂香灯不绝，早晨黄昏钟鼓分明，朝晚二时粥饭精洁，僧人见到行人十分有礼，由此，知道悟本和尚是位好长老。"雪堂笑着说："悟本和尚本来就是位贤德的人，然而也需要具有鉴别事物的眼光识力的人去发现。"雪堂直接地把这些话传达给郡守吴公傅朋，并说："这僧所持观点，与范延龄推荐张希颜一事很类似。而阁下您的贤德不比张忠定公低，老僧我已年迈，乞请悟本和尚接替我来做荐福寺的住持，也许可以成为禅林中的盛事。"吴公听后大喜。悟本和尚没过几日迁往荐福寺。

（《东湖集》。范延龄事出《皇朝类苑》）

原典

雪堂曰："金堤①千里溃于蚁壤，白璧之美离于瑕玷。况无上妙道，非特金堤、白璧也，而贪欲、嗔恚非特蚁壤、瑕玷也，要在志之端谨，行之精进，守之坚确，修之完美，然后可以自利而利他也。"

注释

①**金堤**：指修筑很坚固的江河堤防。

译文

雪堂说："坚固的千里大堤，往往由于蚂蚁洞而崩溃。洁白的美玉，往往由于其上的斑点而遭离弃。何况无上妙道，不只是金堤、白璧，而贪欲、忿恨也不只是大堤上的蚁穴和白玉上的瑕玷，欲证得无上妙道，重要的在于立志要端谨，行动要精进，守护要坚确，修习要完美，然后就既可以利益自己，又可以利益他人。"

（《与王十朋书》）

原典

雪堂曰："予在龙门时，昺铁面住太平，有言，昺行脚离乡，未久，闻受业^①一夕遗火，悉为煨烬。昺得书掷之于地，乃曰：'徒乱人意耳。'"

注释

①**受业**：指受业师处。

译文

雪堂说："我在龙门的时候，昺禅师住在太平寺，有人说道，昺禅师离开乡曲而外出行脚，没多久，忽闻受业师处一天晚上失火，一切都化为灰烬。昺禅师收到师来的书信，没有开读即把它扔在地上，并说道：'徒然作此搅乱人意而已。'"

（《东湖集》）

雪堂谓晦庵光①和尚曰："予弱冠之年见独居士②言：'中无主不立，外不正不行。此语宜终身践之，圣贤事业备矣。'予佩其语，在家修身，出家学道，以至率身临众，如衡石之定重轻，规矩之成方圆，舍此则事事失准矣。"

注释

①**晦庵光**：信州（今江西上饶）龟峰晦庵惠光禅师，建宁（今福建建瓯）人，嗣雪堂行机禅师。

②**独居士**：即雪堂之父。

译文

雪堂对晦庵惠光和尚说："我二十岁的时候，听见独居士说了这样一句话：'内心不以德为主就不能立业，外行不端正就不能行事。应该终身按照这句话去践行，那么圣贤事业也就可完备了。'我感佩这样的话语，在家以此修身，出家以此学道，以至出世之时亦以此率身临众，如衡石能定重轻，规矩能成方圆，舍弃它们，事事就会失去标准了。"

（《广录》）

原典

雪堂曰："高庵临众必曰：'众中须知有识者。'予因问其故，高庵曰：'不见沩山道举措看他上流，莫谩①随于庸鄙。平生在众不沉于下愚者，皆出此语。稠人广众中鄙者多，识者少。鄙者易习，识者难亲。果能自奋志于其间，如一人与万人敌。庸鄙之习力尽，真挺特没量汉也。'予终身践其言，始得不负出家之志。"

注释

①谩：轻慢。

译文

雪堂说："高庵莅临大众必说：'须知众人中要有智识的人。'我问高庵这样说的理由是什么。高庵回答说：'你没有看见沩山行道及其所有举措，都属于一流，原因就在于不轻慢也不依随于庸俗卑鄙的人。我一生与众僧在一起，但不沉没到下愚之辈，这都是出于此语。稠人广众中，卑鄙的人是多数，智识的人是少数。卑鄙的人容易学习，而有见识的人则难于亲近。如果在稠人广众之间能自己奋斗，有志于成为有见识的人，以一人之力去敌万人，尽力除去庸鄙的习气，这样的人真堪称特别无量的大丈夫啊！'我终身将实践此言，方才不辜负出家人的志向。"

（《广录》）

原典

雪堂谓且庵①曰："执事须权重轻，发言要先思虑，务合中道，勿使偏颇。若仓卒暴用，鲜克有济，就使②得成而终不能万全。予在众中备见利病，惟有德者以宽服人。常愿后来有志力者审而行之，方为美利。灵源尝曰：'凡人平居内照，多能晓了，及涉事外驰，便乖混融，丧其法体。必欲思绍佛祖之任，启迪后昆③，不可不常自检责也。'"

注释

①**且庵**：直州（今属四川）长芦且庵守仁禅师，越之上虞（今浙江百官）人，嗣雪堂行禅师，南岳下十六世。

②**就使**：即使。

③**后昆**：后裔，子孙。

译文

雪堂对且庵守仁禅师说："住持行事用人必须权衡轻重，发言之前要有所思虑，努力使它符合中道，不要使它偏颇。如果仓促猛烈行事，很少有能成功的。即使得以成功，然而终究不能万全长久。我在众僧中多见被利养束缚的毛病，唯有那些有道德的人，能以宽容的方法来使人信服。但愿后来有志于佛道的人，能经常审视事物，然后再行动，这样才能获得完美的利益。灵源曾说：'凡人平居独处，摄心内照，多能知晓了悟事理，而一旦经涉事缘，外驰应物，便背戾佛理，消融和丧失诸法的体性。一定要思考如何继承佛祖的任务以及启迪子孙的问题，这样也就不可不经常地要约束和责备自己了。'"

(《广录》)

原典

应庵华①和尚住明果，雪堂未尝一日不过从②。间有窃议者，雪堂曰："华侄为人不悦利近名，不先誉后毁，不阿容苟合，不佞色巧言，加以见道明白，去住翛然，衲子中难得，予固重之。"

①**应庵华**：明州（今浙江宁波）天童应庵昙华禅师（公元一一〇三——一一六三年），蕲州（今湖北蕲春）江氏子，嗣虎丘绍隆禅师，南岳下十六世。

②**过从**：互相往来。

译文

应庵昙华和尚住明果寺时，雪堂没有一天不与他互相往来。其间有人暗地里议论此事，雪堂说："应庵昙华为人不喜欢讲利和追求近期声名，不先赞誉他人，而后又诋毁他人，不逢迎曲从，不巧言佞色，加上他见道明白，去住动静都自由自在，是禅僧中难得的人才，所以我尊重他。"

（《且庵逸事》）

原典

雪堂曰："学者气胜志则为小人，志胜气则为端人①。正士气与志齐为得道贤圣。有人刚狠不受规谏，气使然也；端正之士，虽强使为不善，宁死不二，志使然也。"

①端人：真心正意的人。

译文

雪堂说："学道的人，勇气胜于志向就为小人；志向胜于勇气就为端正的人。正意的人士同时具备勇气与志向，如此可以成为得道的圣贤。有的人刚硬凶狠，不接受规劝，勇气使他们这样的；端正之士，即使有人强迫他们做不善的事，他们宁死也不愿意，志向使他们这样的。"

（《广录》）

原典

雪堂曰："高庵住云居，普云圆为首座①，一材僧为书记②，白杨顺为藏主③，通乌头为知客④，贤真牧为维那⑤，华偓为副寺⑥，用偓为监寺⑦，皆是有德业者。用偓寻常廉约，不点常住油，华偓因戏之曰：'异时做长老，须是鼻孔端正始得，岂可以此为得耶？'用偓不对。用偓处己虽俭，与人甚丰，接纳四来，略无倦色。高庵一日见之曰：'监寺用心固难得，更须照管常住，勿令疏失。'用倅曰：'在某失为小过，在和尚尊贤待士，海纳山容，不问细微，诚为大德。'高庵笑而已。故丛林有用大碗之称。"

注释

①**首座**：居席之首端，处众僧之上，故名。亦称"上座""第一座"。寺院三纲之一。

②**书记**：禅林之书写僧。

③**藏主**：司经藏的僧。

④**知客**：禅宗寺院西序六头首之一，负责接待外来宾客。

⑤**维那**：寺院三纲之一，管僧众庶务，位于上座、寺主之下。后为禅宗寺院东序六知事之一，主掌众威仪进退纲纪。

⑥**副寺**：禅宗寺院东序六知事之一，掌钱财进出。

⑦**监寺**：禅宗寺院东序六知事之一，总管一寺事务。

译文

雪堂说："高庵住云居寺时，普云自圆为首座，一材僧为书记，白杨法顺为藏主，通乌头为知客，贤真牧为维那，华倅为副寺，用倅为监寺，他们都是有德行道业的人。用伻平常非常清廉节约，不点寺院的常住油，华伻因此向他戏言道：'以后你做了长老，只须要鼻孔端正即可，怎么可以把这种微行视为是得道呢？'用伻没有理会华伻的话。用伻对自己虽然节俭，但对别人很大方。接纳四方来客，从来没有厌倦的表情。一天，高庵见到用伻，对他说：'监寺你用心固然难得，但更须照管寺院常住僧物，不要使它们有所疏忽失误。'用伻说：'当某人出现失误时，称为小的过错，做和尚的，尊重善待贤士，像大海纳百川，如山谷藏万物，而不问细微，这才真正称得上是大德。'高庵只是笑笑而已。所以，丛林有用大碗之名。"

（《逸事》）

原典

雪堂曰："学者不知道之所向，则寻师友以参扣之。善知识不可以道之独化①，故假学者赞祐之。是以，主招提有道德之师，而成法社②必有贤智之衲子，是为虎啸风冽，龙骧云起。昔江西马祖因百丈、南泉而显其大机大用，南岳石头得药山、天皇③而著其大智大能。所以千载一合，论说无疑。翼然若鸿毛之遇风，沛④乎似巨鱼之纵壑，皆自然之势也。遂致建丛林功勋，增佛祖光耀。

先师住龙门，一夕谓予曰：'我无德业，不能浩归湖海衲子，终愧老东山也。'言毕潜然。予尝思之，今为人师法者，与古人相去倍万矣。"

注释

①**独化**：指事物自己变化，不假外力。

②**法社**：为修道所结的会社。

③**药山、天皇**：澧州（今湖南澧县）药山惟俨禅师，绛州（今山西新绛）韩氏子，得法于石头希迁禅师，青原下二世。荆州（今属湖北）天皇道悟禅师，婺州东阳（今浙江金华）张氏子，得法于石头希迁禅师，青原下二世。

④**沛**：水势湍急貌。引申为行动迅速貌。

译文

雪堂说："学者不知道道的趋向，就应该寻访师友以参求、扣益。善知识不可以劝导人不假外力而自行变化，而要借助学者的赞助辅佑。因此，主管寺院要有道德之师，而结修道的会社一定要有贤智的禅僧，这就叫作虎啸风冽，龙腾云起。从前江西马祖就是依靠了百丈、南泉而显示自己的大机大用。南岳石头得到药山、天皇而显著出自己的大智大能。所以，师徒可谓千载奇逢，一朝契合，论说无疑。如大鹏才展翅而忽遇大风乘之必远举，如巨鱼将鼓浪而忽逢滂沛因之而纵大海，这都是自然的情势。于是建立丛林功勋，增添佛祖光耀。先师住龙门寺时，一天傍晚对我说：'我没有德业，不能浩浩然归致湖海衲子，终究是有愧于老东山啊！'说完后就潸然泪下。我曾想，如今为人师法的禅师，与古代禅师相比，真是差了几万倍。"

（《与竹庵书》）

原典

雪堂曰："予在龙门时，灵源住太平，有司以非意扰之。灵源与先师书曰：'直可以行道，殆不可为。枉可以住持，诚非我志。不如放意于千岩万壑之间，日饱刍①粟以遂余生，复何惓惓②乎？'不旬浃间③有黄龙之命，乃乘兴归江西。"

注释

①刍：草。

②惓惓：诚恳、深切之意。

③浃间：古代以干支纪日，称自甲至癸一周十日为"浃日"。十日之内。

　　雪堂说："我在龙门的时候，灵源住在太平，寺院有的司事僧对他无端加害，并常侵扰他。灵源在给先师的书信上说：'直心直行可以行道，但依此而行不得，枉屈行住持之事，实在不是我的本意。不如在千岩万壑之间任意随缘，每天饱食草粟，以达我余生之志。何需再恳切企求什么呢？'没到十日，接到黄龙的命令，于是灵源乘兴归往江西。"

　　　　　　　　　　　　　　　　　　（《聪首座记闻》）

原典

　　雪堂曰："灵源好比类衲子曰：'古人有言，譬为土木偶人相似。为木偶人，耳鼻先欲大，口目先欲小。人或非之，耳鼻大可以小，口目小可以大；为土偶人，耳鼻先欲小，口目先欲大。人或非之，耳鼻小可以大，口目大可以小。夫此言虽小，可以喻大矣。学者临事取舍，不厌三思，可以为忠厚之人也。'"

译文

　　雪堂说："灵源喜欢用比喻、类比的方式对禅僧说话，他曾这样道：'古人有言，譬如世人以木做或以土做而与人相似的偶人。做木偶的人认为，做木偶，耳鼻先要大，口目先要小。有的人对此有异议，认为耳鼻大了，修之削之而后自小，口目小了，开之凿之而后自大；做土偶的人认为，做土偶，耳鼻先要小，口目先要大。有的人对此有异议，认为耳鼻虽小，培之提之而后可大，口目虽大，哀之撮之而后可小。以上言辞虽少，但可以比喻大事大理。学者对待事情的取舍，要不厌烦地反复思考，这样的人才可以称为忠厚的人。'"

（《记闻》）

原典

雪堂曰："万庵①送高庵过天台回，谓予言，有德贯②首座，隐景星岩三十载，影不出山。龙学耿公为郡，特以瑞岩迎之。贯辞以偈曰：'三十年来独掩关，使符那得到青山，休将琐末人间事，换我一生林下闲。'使命再至，终不就。耿公叹曰：'今日隐山之流也。'万庵曰：'彼有老宿能记其语者。'乃曰：'不体道本，没溺死生；触境生心，随情动念；狼心狐意，诡行诳人；附势阿容，徇名苟利；乖真逐妄，背觉合尘，林下道人终不为也。'予曰：'贯亦僧中间气③也。'"

①**万庵**：江州（今湖北汉川）东林万庵道颜禅师，潼州（今四川绵阳）解氏子，嗣大慧杲禅师。

②**贯**：德贯世奇首座，成都人，得法于佛眼远禅师，南岳下十五世。

③**间气**：旧谓英雄豪杰上应星象，禀天地特殊之气，间世而出，称为间气。

译文

雪堂说："万庵送高庵去天台后返回，对我说，有位名叫德贯的首座，隐居景星岩三十年，从没出山。耿龙学为郡守，特以瑞岩去迎接贯首座，贯首座却用一首偈颂辞谢道：'三十年来独自闭关悟道，郡守的命令为何来到这里呢？休想将世俗琐碎的事，来换我林间得意悠闲的乐趣。'耿公一再使命致请，但贯首座始终没有应允。耿公感叹地说：'此师可为今时的隐士之流啊。'万庵说：'他那个地方有一个老宿能记得师示之语。'于是说：'不去体悟大道的根本，沉没陷溺在生死的苦海里，接触外境而生心，随情欲而动念。全身都是贪狼狐疑的心念，以谄佞去欺诳别人，凭借他人的势力而出现阿谀的颜色。像这样图谋名利，逐妄违真的心念，与悟性相违背，和尘俗相合污，所有这些都是禅林修道之人终身不做的事。'我认为贯首座亦是禅僧中秉承了天地特殊之气的人物。"

（《逸事》）

原典

雪堂生富贵之室，无骄倨之态，处躬节俭，雅不事物。住乌巨山，衲子有献铁镜者，雪堂曰："溪流清沚[①]，毛发可鉴，蓄此何为？"终却之。

注释

①沚：清澈。

译文

雪堂生于富贵之室，但从没有表现出骄傲不恭的态度，处事节俭，向来不浪费财物。住乌巨山时，有一位禅僧送给他一面铁镜，雪堂说："清澈的溪流连毛发都可以照见，要铁镜做什么用呢？"雪堂最终却之未纳。

（《行实》）

原典

　　雪堂仁慈忠恕，尊贤敬能。戏笑俚言罕出于口，无峻阻，不暴怒。至于去就之际，极为介洁。尝曰："古人学道，于外物淡然，无所嗜好，以至忘势位，去声色，似不勉而能。今之学者，做尽伎俩终不奈何。其故何哉？志不坚，事不一，把作匹似间①耳。"

注释

　　①匹似间：方言，谓不要紧。

译文

　　雪堂禅师仁慈忠恕，尊贤敬能。他很少戏笑和说鄙俗的话，他性情温和，从不暴怒。至于去就之际，更显独特的节操。他曾说："古人学道于身外之物淡然，无所嗜好，以至忘却势位，远离声色，似乎不需要劝勉就能如此。而如今的学者，用尽伎俩，对势位声色终无所奈何。这是什么原因呢？主要原因是今人志向不坚定，做事不专一，尽把持那些不要紧的东西罢了。"

（《行实》）

雪堂曰："死心住云岩，室中好怒骂，衲子皆望崖而退。方侍者曰：'夫为善知识，行佛祖之道，号令人天^①，当视学者如赤子。今不能施惨怛之忧，垂抚循之恩，用中和之教，奈何如仇雠，见则诟骂，岂善知识用心乎？'死心拽拄杖趁之曰：'尔见解如此，他日谄奉势位，苟媚权豪，贱卖佛法，欺网聋俗^②定矣！予不忍，故以重言激之，安有他哉？欲其知耻改过，怀慕不忘，异日做好人耳。'"

注释

①**人天**：天上人间。
②**聋俗**：旧谓不辨善恶的世风。

译文

雪堂说："死心住云岩寺时，在禅室中喜欢怒骂，衲子一看到他就退避，方侍者说：'作为善知识，实行佛祖之道，号令天上人间，应当把学者看作初生的婴儿。而现今你不能对人施与忧伤之心，传播抚慰之恩，运用中和之教。对待人如同仇敌，见到就嘲骂，这难道是善知识的用心吗？'死心拖着禅杖追逐着方侍者说道：'你见解如此，今后就定会谄媚奉承有权有势的人，贱卖佛法，养成欺骗和不辨善恶的习气！我不忍心看到这样的结果，所以以厉害的语言去激怒你们，哪里有别的用意？是要使他们知道羞耻和改正过错，使他们怀慕不忘，他日做个好人而已。'"

（《聪首座记闻》）

原典

死心新和尚曰："秀圆通①尝言：'自不能正而欲正他人者，谓之失德；自不能恭而欲恭他人者，谓之悖礼。夫为善知识，失德悖礼，将何以垂范后乎？'"

注释

①**秀圆通**：汴梁（今河南开封）法云寺圆通法秀禅师（公元一〇二七—一〇九〇年），秦州陇城（今甘肃秦安）辛氏子，嗣天衣怀禅师，青原下十一世。

译文

死心新和尚说："秀圆通曾说过：'自己不能端正而要端正他人的人，称之为失德；自己不能恭谨而要恭谨他人的人，称之为悖礼。作为善知识，失德悖礼又将怎样垂范后辈呢？’”

（《与灵源书》）

原典

死心谓陈莹中曰："欲求大道，先正其心。少有忿懥①则不得其正，少有嗜欲亦不得其正。然自非圣贤应世，安得无爱恶喜怒？直须不置之于前以害其正，是为得矣。"

注释

①懥：愤怒。

译文

死心对陈莹中说："要求大道，先要端正自己的心思。稍有怨恨愤怒，心思就不得端正；稍有嗜欲，心思也不得端正。然而假如圣贤应现于世，怎能没有爱恶喜怒之情？关键是须要不让它存于胸中而伤害端正的心思，如此就可谓得道了。"

（《广录》）

死心曰：“节俭放下最为入道捷径。多见学者心愤愤①，口悱悱②，孰不欲继踵古人？及观其放下节俭，万中无一，恰似庶俗之家子弟不肯读书，要做官人，虽三尺孺子，知其必不能为也。”

注释

①**愤愤**：忿忿，心中不平。

②**悱悱**：心里想说而说不出来。

译文

死心说：“节俭放下是入道的直截路径。看到很多学者心中愤愤然欲通而未能通，口里悱悱然欲言而未能言，谁不欲相继接踵于古人？但等到观看他平常践履中能节俭放下，万人中则又难得有一人。这恰似平民百姓家的孩子，不肯读书，又想去做官，即使是没成年的孩子也知道这样一定是不行的。”

（《广录》）

死心谓湛堂曰："学者有才识、忠信、节义者上也。其才虽不高，谨而有量者次也。其或怀邪观望，随势改易，此真小人也。若置之于人前，必坏丛林而污渎法门也。"

译文

死心对湛堂说："有才能有见识、忠信、节义的学者是最上等人。才能虽然不高，但能谨慎而知轻重的人是次一等人。那些心怀邪念，善于观望且随势改变的人是真正的小人。如果把这些人放在人前，必毁坏丛林而污渎法门呢。"

（《实录》）

原典

死心谓草堂曰："凡住持之职，发言行事要在诚信。言诚而信，所感必深；言不诚信，所感必浅。不诚之言，不信之事，虽平居庶俗犹不忍行。恐见欺于乡党①，况为丛林主，代佛祖宣化，发言行事苟无诚信，则湖海衲子孰相从焉？"

注释

①**乡党：**乡里。一万二千五百家为乡，五百家为党。

译文

死心对草堂说："大凡担任住持之职的人，发言行事重要的是讲求诚信。发言诚而有信，就一定会有深刻的感化力；说话不诚信，一定不会有什么感化力。没诚意的话，没信实的事，即使是平民百姓也不忍心去说去做。这是担心被乡党所欺骗，何况作为禅林寺院的住持，是要代佛宣化，说话行事如果没有诚信，四方的衲子又怎能相从于你们呢？"

（《黄龙实录》）

原典

死心曰："求利者不可与道，求道者不可与利。古人非不能兼之，盖其势不可也。使利与道兼行，则商贾、屠沽、闾阎、负贩之徒①，皆能求之矣。何必古人弃富贵，忘功名，灰心泯智，于空山大泽之中，涧饮木食，而终其身哉？必谓利与道行之不相违碍，譬如捧漏卮②而灌焦釜③，则终莫能济矣。"

①**商贾、屠沽、阎闾、负贩之徒**：指商人、屠夫、卖酒人、平民、小商贩。

②**漏卮**：渗漏的酒器。

③**焦釜**：干燥到极点的炊器。

译文

死心说："不可与谋求物利的人谈道，不可与追求大道的人言利。古人不是不能既追求道又谋求利，而是情势不允许这样。能使利与道兼行的是那些商人、屠夫、卖酒人、平民、小商贩。如果利与道能够同时求得，古人何必要抛弃富贵，忘却功名，心如死灰，泯灭智慧，遁入空山大泽之中，涧饮木食而了此一生呢？如果有人一定认为利与道兼行而不相违碍，这就好像捧着渗漏的酒器想要灌救烧焦的饮器，终究不能成事。"

（《因与韩子苍书》）

原典

死心曰："晦堂先师昔游东吴，见圆照①赴净慈请，苏杭道俗争之不已。一曰：'此我师也，汝何夺之？'一曰：'今我师也，汝何有焉？'"

①**圆照**：东京（今河南开封）慧林寺圆照宗本禅师，常州无锡（今江苏无锡）管氏子，嗣天衣怀禅师，青原下十一世。

译文

死心说："晦堂先师从前游历东吴，看见圆照大师赴净慈大师的邀请，苏杭两地的道俗都为此事争论不休。有一个苏州人说：'圆照是我的师父，你们为什么要夺取？'另一个杭州人说：'圆照现今是我们的师父，你们有什么师父呢？'"

（一本见《林间录》）

原典

死心住翠岩，闻觉范窜逐①海外，道过南昌，邀归山中，迎待连日，厚礼津送。或谓死心喜怒不常。死心曰："觉范有德衲子，乡者极言去其圭角②，今罹横逆是其素分，予以平日丛林道义处之。"识者谓死心无私于人故如此。

①窜逐：放逐。

②圭角：圭玉的楞角、锋芒。

译文

死心在翠岩寺时，听说觉范被放逐海外正路过南昌，于是使人邀请他到翠岩山中，连日厚礼接待，亲往津口迎送。有人说死心喜怒无常。死心说："觉范是有德的衲子，以前我虽极力非议他，是想使他不露锋芒，现今他罹遭横逆之祸，这是他宿分而不可逃的。我只以平常丛林的道义去对待他。"有见识的人认为死心对人没有私心，所以才能那样做。

（《西山记闻》）

原典

死心谓草堂曰："晦堂先师言：'人之宽厚得于天性。若强之以猛，必不悠久。猛而不久，则返为小人侮慢。然邪正善恶亦得于天性，皆不可移。惟中人之性，易上易下，可从而化之。'"

死心对草堂说："晦堂先师曾说过：'一个人的宽厚来源于他的天性，如用猛烈的方法加以强求，那么所获性情一定不悠久，如此反而会被小人所侮辱轻慢。同样，邪正善恶也来源于天性。属于人的天性都是不可强加改变的，只有中人的性能随着邪正之气薰习，则易于向上向下转移，可以采取不同方法去教化他们。'"

草堂清①和尚曰："燎原之火生于荧荧，坏山之水漏于涓涓。夫水之微也，捧土可塞，及其盛也，漂木石，没丘陵；火之微也，勺水可灭，及其盛也，焦都邑，燔②山林。与夫爱溺之水，嗔恚之火，曷常异乎？古之人治其心也，防其念之未生，情之未起，所以用力甚微，收功甚大。及其情性相乱，爱恶交攻，自则伤其生，他则伤其人，殆乎危矣，不可救也！"

①草堂清：隆兴府（今江西南昌）草堂善清禅师，南雍州（今河南洛阳）何氏子，嗣黄龙祖心禅师，南岳

下十三世。

②燔：焚烧。

译文

草堂善清和尚说："燎原之火生于微弱火光，坏山之水漏于涓涓细水。慢流的细水，捧几把土就可以将它堵塞，等到水势强盛的时候，它可以漂走木石，淹没丘陵；微弱的火光，舀几勺水就可以将它扑灭，等到火势旺势的时候，它可以烧焦都邑，焚烧山林。爱溺之水，嗔恚之火，同那自然的水火又有什么差别呢？古人治理人的心思，讲求防止情念的生起，所以用力很少，收效则很大。如等到情性相乱，爱恶交攻，那么就既会自伤其生，又会伤害他人，这是十分危险的事，它是不可以救治的啊！"

（《与韩子苍书》）

原典

草堂曰："住持无他，要在审察人情，周知上下。夫人情审则中外和，上下通则百事理，此住持所以安也。人情不能审察，下情不能上通，上下乖戾，百事矛盾，此住持所以废也。其或主者，自恃聪明之资，好执偏见，不通物情，舍佥^①议而重己权，废公论而行私惠，致使进善之途渐隘，任众之道益微，毁其未见未闻，安其所习所蔽，欲其住持经大传远，是犹却行而求前，终不可及。"

注释

①佥：众人，大家。

译文

　　草堂说："做住持的没有什么特别的，主要的在于审察人情，全面地了解上下。审察人情，内外就和谐；上下畅通，百事就得治理，这就是住持安定的原因所在。不能审察人情，不能上通下情，那么，上下就会乖戾，矛盾就会百出，这就是住持废弛的原因所在。有的住持，自恃有聪明的天资，喜欢执着偏见，不通达物情，舍弃众议而自己弄权，废止公论而捞取私人实惠，致使进善的道路渐渐变狭隘，任用众人的道路更加微不足道。毁除自己未见未闻的言行，安守自己的习蔽。要这样的住持去治理大业，远传佛法，就好像退行而求前进，终究是不可能达到的。"

（《与山堂书》）

草堂曰："学者立身，须要正当，勿使人窃议，一涉异论，则终身不可立矣。昔大阳平侍者，道学为丛林推重，以处心不正，识者非之，遂致终身坎坷，逮死无归。然岂独学者而已？为一方主人，尤宜祇畏。"

译文

草堂说："学者立身，须要正当，不可使人私窃议论，一旦涉及异论，则终身就不可立了。从前大阳平侍者，道德学问都被丛林所推许尊重，因为处心不正，受到有见识的人的非议，以至于终身坎坷，到死都没有归宿。然而，难道只是学者要做到这样吗？作为一方主人，尤其应该谨慎而敬畏。"

（《与一书记书》）

原典

草堂谓如和尚①曰："先师晦堂言：'稠人广众中，贤不肖接踵，以化门广大，不容亲疏于其间也，惟在少加精选。苟才德合人望者，不可以己之所怒而疏之；苟见识庸常，众人所恶者，亦不可以己之所爱而亲之。如此，则贤者自进，不肖者自退，丛林安矣。若夫主者好逞私心，专己喜怒而进退于人，则贤者缄默，不肖者竞进，纪纲紊乱，丛林废矣。此二者实住持之大体，诚能审而践之，则近者悦而远者传，则何虑道之不行，衲子不来慕乎？'"

注释

①**如和尚**：安吉州（今浙江吴兴）道场法如禅师，衢州（今浙江衢县）徐氏子，嗣盖守智禅师，南岳下十三世。

译文

草堂对法如和尚说："先师晦堂说：'稠人广众中，才能、德行好的与不好的人多得摩肩接踵，因为教化之门广大，不容许在佛门中分什么亲疏，只是要少加精选。如果某人有才德，有威望，不可以因为自己恨他而疏远他；如果某人见识庸常，众人都很厌恶他，也不可以因为自己爱他而亲近他。如此，则贤者自进，不贤者自退，丛林也就安定了。如果领导者好逞私心，专门根据自己的喜怒而接近或远离什么样的人，那么，贤者将会缄默不语，不贤者将会竞相争逐，而纲纪紊乱，丛林事业就会废弛了。因此，上述两点实在是住持的大体。如真的能审视并且实践它们，那么，在你身边人就会喜悦，远离你的人也会传扬你的美德，如此，又有什么担心道的不行，衲子不来慕归呢？'"

（《疏山石刻》）

原典

草堂谓空首座曰："自有丛林已来，得人之盛无如石头、马祖、雪峰①、云门②。近代惟黄龙、五祖二老，诚能收拾四方英俊衲子，随其器度浅深、才性能否，发而用之。譬如乘轻车，驾骏驷，总其六辔③，奋其鞭策，抑纵在其顾盼之间，则何往而不达哉？"

注释

①雪峰：雪峰义存禅师（公元八二二—九〇八年），南安（今属福建）曾氏子，嗣德山宣鉴禅师，青原下五世。

②云门：云门文偃禅师（公元八六四—九四九年），嘉兴（今浙江嘉兴）张氏子，嗣雪峰义存禅师，青原下六世。

③六辔：车有四马，各二辔共八辔，以骖马内两辔

于轼，骖马外两辔及夹辕，两服马四辔分置两手以为六辔。"辔"，嚼子和缰绳。

译文

草堂对空首座说："自有丛林以来，没有比石头希迁、马祖道一、雪峰义存、云门文偃更能感召天下衲子的了。近代只有黄龙南、五祖演二老，诚能收拾四方英俊衲子，依随他们的器度深浅、才性能否，随时发现而加以任用。这就好像乘轻车，驾四匹骏马，总握六根缰绳，奋力鞭策，或收或放，都在左顾右盼之间，如此又哪里不能达到呢？"

（《广录》）

原典

草堂曰："住持无他，要在戒谨。其偏听自专之弊，不主乎先入之言，则小人谄佞迎合之谗，不可得而惑矣。盖众人之情不一，至公之论难见，须是察其利病，审其可否，然后行之可也。"

译文

草堂说："做住持的没有什么特别的，主要的在于警戒谨慎。不偏听小人的言语，能去除自我专横、自以为是的毛病，不以先入之语为主，那么就不会被小人的谄媚迎合的谗言所迷惑了。众人之情不一样，至公的言论难见，须要的是考察言论的利病，审视言论的可否，然后实行它，如此就可以了。"

（《疏山实录》）

原典

草堂谓山堂曰："天下之事，是非未明，不得不慎。是非既明，以理决之，惟道所在，断之勿疑。如此，则奸佞不能惑，强辩不能移矣。"

译文

草堂对山堂说："天下之事，是非所未明，所以处理不得不谨慎。是非既明，就用理决断它，因为正理即道之所在，所以决断是非不要迟疑。如此，奸佞不能使你迷惑，强辩不能改变你的用度。"

（《清泉记闻》）

原典

山堂震①和尚，初却曹山之命，郡守移文勉之，山堂辞之曰："若使饭粱啮肥②，作贪名之衲子，不若草衣木食，为隐山之野人。"

注释

①**山堂震：**隆兴府（今江西南昌）黄龙山堂道震禅师，金陵（今江苏南京）赵氏子，嗣泐潭善禅师，南岳下十四世。

②**啮肥：**侵蚀。

译文

山堂道震和尚当初拒绝曹山的指派，本郡太守移文加以劝勉。山堂推辞说："如被饭粱侵蚀，做一贪图名利的衲子，不如做一草衣木食的隐山野人。"

（《清泉才庵主记闻》）

原典

山堂曰："蛇虎非鸥鸢①之仇，鸥鸢从而号之。何也？以其有异心故。牛豕非鹦鹊②之驭，鹦鹊集而乘之，何也？以其无异心故。昔赵州访一庵主，值出生饭③，州云："鸦④子见人为什飞去？'主惘然，遂蹑前语问州。州对曰：'为我有杀心在。'是故疑于人者，人亦疑之；忘于物者，物亦忘之。古人与蛇虎为伍者，善达此理也。老庞⑤曰：'铁牛不怕狮子吼，恰似木人见花鸟。'斯言尽之矣。"

注释

①鸱鸢：老鹰。

②鸲鹊：八哥、喜鹊。

③出生饭：律有出众生食之语。在食前为众生出少许食而施与他们。一种持戒法。

④鸦：乌鸦。

⑤老庞：襄州庞蕴，字道玄居士，衡阳人，得法于马祖。

译文

山堂说："蛇、虎不是老鹰的仇敌，但老鹰为什么大叫地追逐它们呢？这是因为蛇、虎与老鹰彼此有异心。牛、猪不是八哥、喜鹊的驭者，但为什么八哥、喜鹊喜欢集乘在牛、猪背上呢？这是因为牛、猪与八哥、喜鹊彼此没有异心。从前赵州访问一位庵主，正值庵内给众生施与少许饭食。赵州问：'乌鸦看见人为什么飞去？'庵主惘然不答，于是蹑手蹑脚地走到赵州面前请问原因。赵州回答说：'因为我有杀它的心思。'所以你怀疑别人，别人也怀疑你；你忘却物，物也忘却你。古代与蛇、虎为伍的人，能很好地通达这种道理。老庞说：'铁牛不怕狮子吼，恰似木人见花鸟。'这句话完尽地表达了忘情的道理。"

（《与周居士书》）

原典

山堂曰："御下之法①，恩不可过，过则骄矣；威不可严，严则怨矣。欲恩而不骄，威而不怨，恩必施于有功，不可妄加于人；威必加于有罪，不可滥及无辜。故恩虽厚而人无所骄，威虽严而人无所怨。功或不足称而赏之已厚，罪或不足责而罚之至重，遂使小人故生骄怨矣。"

注释

①**御下之法**：治人之法。"御"，治，使。

译文

山堂说："治人之法，施恩不可过赏，如果过施就会使人骄横；用威制人不可以过严，过严了就会使人怨恨。要想施恩而不骄，威制而不怨，那么，一定要把恩施与有功的人，不可以妄加给人；一定要把威加给有罪的人，不可以滥及无辜。如此，恩虽然深厚，但人不会骄横；威虽然严厉，但人不会怨恨。对于不足以称道的功劳给予丰厚的奖赏，对于不足以责怪的罪过给予极重的惩罚，这样一来就会使小人产生骄怨之心了。"

（《与张尚书书》）

原典

山堂曰："佛祖之道不过得中，过中则偏邪；天下之事不可极意，极意则祸乱。古今之人不节不谨，殆至危亡者多矣。然则孰无过欤？惟贤达之士改之勿吝，是称为美也。"

译文

山堂说："佛祖之道是不过分而常保中道状态的，超过中道就会偏邪；天下之事不可走极端，走极端就会发生祸乱。从古到今，不知有多少人不知道节制谨慎行事，而几乎走到危亡的境地。然而，谁能没有过错呢？唯有贤达之士能改过而不吝惜，这称得上美事了。"

（《与赵超然书》）

原典

山堂同韩尚书子苍^①、万庵颜首座、贤真牧，避难于云门庵。韩公因问万庵："近闻被李成兵吏所执，何计得脱？"万庵曰："昨被执缚，饥冻连日，自度必死矣。偶大雪埋屋，其所系屋壁无故崩倒，是夜幸脱者百余人。"公曰："正被所执时，如何排遣？"万庵不对，公再诘之。万庵曰："此何足道？吾辈学道以义为质，有死而已，何所惧乎？"公颔之。因知前辈涉世，祸害死生皆有处断矣。

注释

①**韩尚书子苍**：名驹，字子苍，任至尚书，问道于山堂。

译文

山堂同韩尚书子苍、万庵颜首座、贤真牧在云门庵避难时，韩公因而问万庵说："近闻师被李成兵吏所执缚，用什么计得以挣脱的？"万庵说："昨被执缚，饥冻连日，自己估计一定要死了，碰巧大雪把屋子埋没，撑顶屋子的墙壁无故崩倒，当夜有百余人有幸逃脱。"韩公说："正在被执缚的时候，你是如何排遣的？"万庵不答。

韩公再诘问万庵，万庵说："这不足道，我辈学道，以义为重，死而后已，有什么可惧怕的呢？"韩公点头称是。因此可知前辈涉历世间，面对祸害死生都有处理决断的能力。

（《真牧集》）

原典

山堂退百丈，谓韩子苍曰："古之进者，有德有命，故三请而行，一辞而退。今之进者，惟势与力。知进退而不失其正者，可谓贤达矣。"

译文

山堂从百丈那里退去，对韩子苍说："古代进为住持的人，是有德有命的人，所以要三请而行，总是要辞让退却一番。而现今求进为住持的人，只图势与力。由此可知，进退而不失正直之心的人，可称得上贤达之人了。"

（《记闻》）

原典

山堂谓野庵①曰："住持存心要公行事，不必出于己为是，以他为非。则爱恶异同，不生于心，暴慢邪僻之气无自而入矣。"

注释

①**野庵**：隆兴府（今江西南昌）石亭野庵祖璇禅师，嗣大慧果禅师，南岳下十六世。

译文

山堂对野庵说："住持行事要保持公正心，不必总认为自己是正确的，他人是不正确的。虽爱恶异同，却不存于己心，那么暴慢邪僻之气就不能进来。"

（《幻庵集》）

原典

山堂曰："李商老言：'妙喜器度凝远，节义过人，好学不倦。与老夫相从宝峰，仅四五载，十日不见，必遣人致问。老夫举家病肿，妙喜过舍，躬自煎煮，如子弟事父兄礼。既归，元首座①责之，妙喜唯唯受教，识者知其大器。'湛堂尝曰：'杲侍者再来人也，山僧惜不及见。'湛堂迁化，妙喜玺足千里，访无尽居士于渚宫求塔铭。湛堂末后一段光明，妙喜之力也。"

①元首座：昭觉道元禅师，嗣佛果勤禅师，南岳下十五世。

译文

山堂说："李商老说：'妙喜器度凝重悠远，节义过人，好学而不知疲倦。与老夫我相从宝峰，仅有四五年的时间，只要十日不相见，必派人来致以问候。老夫全家患了肿病，妙喜到我家，亲自为我们煎药，如同子弟服侍父兄那样尽礼。等到他回到寺院，元首座责备了他，而妙喜唯唯受教。有见识的人知道妙喜有大器。'湛堂曾说：'呆侍者再来人，山僧我可惜不能见到了。'湛堂迁化以后，妙喜行走千里，脚上都生了老茧，到渚宫去访问无尽居士，并求作塔铭。湛堂迁化以后，其事业光明了一段，这是得妙喜之力啊！"

（《日涉记》）

原典

妙喜呆和尚曰："湛堂每获前贤书帖，必焚香开读，或刊之石。曰：'先圣盛德佳名，讵忍弃置？'其雅尚如此，故其亡也无十金之聚，惟唐宋诸贤墨迹仅两竹笼。衲子竞相酬唱，得钱八十余千，助荼毗①礼。"

注释

①荼毗：梵文 Jhāpeta 的音译，意为"焚烧""火葬"，指佛教僧人死后，将尸体火葬。

译文

妙喜杲和尚说："湛堂每获前贤书帖，必要焚香而后开读，或将此刊印在石碑上。他说：'先圣盛德佳名，怎么忍心弃置？'湛堂有如此的雅量，所以他迁化以后，没有十金的积蓄，仅有唐宋诸贤的墨迹两竹笼。衲子竞相以诗文互相赠答，得钱八万，以资助火化之礼的开支。"

（《可庵集》）

原典

妙喜曰："佛性①住大沩，行者与地客②相殴（于口切捶也），佛性欲治行者，祖超然③因言：'若纵地客摧辱行者，非惟有失上下名分，切恐小人乘时侮慢，事不行矣。'佛性不听，未几，果有庄客弑知事者。"

①**佛性**：潭州（今湖南长沙）大沩佛性法泰禅师，汉州（今属四川）李氏子，嗣佛果勤禅师，南岳下十五世。

②**行者与地客**：方丈的侍者谓"行者"。禅林中耕种寺领之田地的人谓"地客"。

③**超然**：临安府佛日超然文祖禅师，嗣天衣怀禅师，青原下十一世。

译文

妙喜说："佛性禅师住大沩寺的时候，有一位方丈的侍者与一位寺中耕地者互相殴打，佛性禅师要治行者的罪。祖超然禅师因而说道：'如纵容地客殴打侮辱行者，非只是有失上下的名分，更恐小人乘机慢主轻僧，事情就不好办了。'佛性不听超然的劝说。没过多久，果然发生了庄客弑杀知事的事件。"

（《可庵集》）

原典

妙喜曰："祖超然住仰山，地客盗常住谷。超然素嫌地客，意欲遣之，令库子行者为彼供状。行者欲保全地客，察超然意，抑令供起离状，仍返使叫唤，不肯供责。超然怒行者擅权，二人皆决竹篦而已。盖超然不知阴为行者所谋。呜呼！小人狡猾如此。"

译文

妙喜说："文祖超然住仰山时，有一地客盗窃常住的谷物。超然平素就讨嫌地客，于是有意要放逐他。他令寺中司理会计的行者搞一份地客盗谷的书面供词。这位库子行者想要保全地客，他察觉到超然还有意让地客招供，并公开供词，但行者仍然往返使地客叫唤不服，不肯供呈其责。超然怒斥行者擅权，反而与地客做主。如此，二人只好俱决竹篦而止，竟不能驱逐他们。超然不知在暗地被行者所谋算，小人狡猾到如此地步啊！"

（《可庵集》）

原典

妙喜曰："爱恶异同人之常情，惟贤达高明不被其所转。昔圆悟住云居，高庵退东堂，爱圆悟者恶高庵，同高庵者异圆悟。由是丛林纷纷然有圆悟、高庵之党。窃观二大士，播大名于海上，非常流可拟，惜乎昧于轻信小人谄言，惑乱聪明，遂为识者笑。是故宜其亮座主隐山①之流，为高上之士也。"

注释

①**隐山**：即潭州（今湖南长沙）龙山禅师，参马祖发明心要后隐龙山，号隐山。

译文

妙喜说："爱恶异同是人之常情，唯有贤达高明之士不被它们所左右。从前圆悟住云居寺时，高庵退到东堂。爱圆悟的人就恨高庵，与高庵同心的人就与圆悟异心。由此，丛林纷纷然有圆悟之党、高庵之党。我观圆悟、高庵两大高士，在禅林中大名播扬，不是平常之流所能比拟的。可惜被轻信小人的诐言所蒙昧，以至于惑乱了自己的聪明，于是被有见识的人所笑。所以，应该说，亮座主与隐龙山之流，才确实是高尚之士。"

（《智林集》）

原典

妙喜曰："古人见善则迁，有过则改，率德循行，思免无咎。所患莫甚于不知其恶，所美莫善于好闻其过。然岂古人之才智不足，识见不明，而若是耶？诚欲使后世自广而狭于人者为戒也。夫丛林之广，四海之众，非一人所能独知，必资左右耳目思虑，乃能尽其义理，善其人情。苟或尊居自重，谨细务，忽大体，贤者不知，不肖者不察，事之非不改，事或是不从，率意狂为，无所忌惮，此诚祸害之基，安得不惧？或左右果无可谘询者，犹宜取法于先圣，岂可如严城坚兵，无自而入耶？此殆非所谓纳百川而成大海也。"

译文

妙喜说："古人见人有善行，就迁改来跟从他，有过就改正，遵循德行，思虑免除危险。所忧虑的莫甚于不知道自己有恶的一面，所赞美的莫善于好听到自己的过错。这难道说古人的才智不足，识见不明才如此的吗？古人是真诚地欲使后世那些自以为所知为大，以为他人所知为小的人引以为戒呢。丛林之广，四海之众，不是一人所能独知的，必须资凭左右耳目思虑，才能尽知义理，善化人情。如果认为自己身居高位而自重，处事谨小慎微，忽视大体，不察知什么人是贤者，什么人是不贤者，对错事不知改正，对好事不知从事，任意狂为，无所忌惮，所有这些确实是祸害的基因，怎的不惧？或者左右果真没有可以咨询的人，也应在先圣那里取法，怎么可以如严城坚兵不能进入呢？这恐怕不能说是具有纳百川而成大海的胸襟吧。"

（《与宝和尚书》）

原典

妙喜曰："诸方举长老须举守道而恬退者，举之则志节愈坚，所至不破坏常住，成就丛林，亦主法者救今日之弊也。且诈佞狡猾之徒不知羞耻，自能谄奉势位，结托于权贵之门，又何须举？"

译文

妙喜说："各方推举长老，须推举那些守道而淡泊名利的人，推举这样的人，他们的志向、节气就愈加坚定。这样的人做了长老，不会破坏寺院的常住财物，并能成就丛林事业，这也是主法者救治今日弊端的方法。而且，对于那些诈佞狡猾之徒，不知羞耻，自己能谄媚奉承有势位的，结合和依托在权贵门下的，又何须推举？"

（《与竹庵书》）

妙喜谓超然居士曰："天下为公论不可废，纵抑之不行，其如公论何？所以丛林举一有道之士，闻见必欣然称贺；或举一不谛当者，众人必戚然嗟叹。其实无他，以公论行与不行也。呜呼！用此可以卜丛林之盛衰矣。"

妙喜对超然居士说："天下自有公论，不可偏废，纵然受到抑制而不能行，又如何能否定有公论呢？所以丛林推举出一位有道之士，闻见的人一定会欣然称道庆贺；如推举一位不正当的人，众人必定会忧愁而嗟叹。其实没有别的原因，而只是根据公论去判定行与不行的。呜呼！用此原则可以卜知丛林的盛衰。"

（《可庵集》）

妙喜曰："节俭放下，乃修身之基，入道之要。历观古人，鲜有不节俭放下者。年来衲子游荆楚买毛褥，过浙右求纺丝，得不愧古人乎？"

妙喜曰："古德住持不亲常住，一切悉付知事掌管。

近代主者，自恃才力有余，事无大小皆归方丈，而知事徒有其虚名耳。嗟乎！苟以一身之资，固欲把揽一院之事，使小人不蒙蔽，纪纲不紊乱，而合至公之论，不亦难乎？"

译文

妙喜说："节俭放下乃修身的基础，入道的根要。历观古人，很少有不能节俭不能放下的。近年来，有衲子游历荆楚便去买些毛褥，经过浙右便去求些纺丝物，这难道不有愧于古人吗？"

妙喜说："古代有道德的住持不亲自掌管寺院的常住，一切都交付知事掌管。而近代寺主，自恃才力有余，事无大小都归方丈掌管，而知事徒有虚名而已。可叹啊！如依凭一身的资质，牢固地要把揽一院之事，使小人不蒙蔽，纪纲不紊乱，而且符合至公之论，不也是很困难的吗？"

（《与山堂记》）

原典

妙喜曰："阳极则阴生，阴极则阳生，盛衰相乘①，乃天地自然之数。惟丰②亨③宜乎日中。故曰日中则昃④，月满则亏。天地盈亏与时消息，而况于人乎？所以古之人，当其血气壮盛之时，虑光阴之易往，则朝念夕思，戒谨弥惧，不恣情，不逸欲，惟道是求，遂能全其令闻⑤。若夫堕之以逸欲，败之以恣情，殆于不可救，方顿足扼腕而追之晚矣！时乎难得而易失也。"

注释

①乘：趁，因。

②丰：卦名。离下震上，象征丰盛大。

③亨：通"享"，祭祀。

④昃：太阳偏西。

⑤令闻：美好的名声。

译文

妙喜说："阳达到顶点就变成阴，阴达到顶点就变成阳。盛衰相因，乃是天地自然的规律。因为丰卦象征丰厚盛大，举行祭祀大典，应在太阳居中时开祭。所以说，太阳到正午必将偏西，月亮盈盛圆满必将向缺亏蚀。天地万物既有丰盈之时，也有亏虚之日，一切都随一定的时间死死生生，生生死死，又何况人呢？因此，古代人正值血气壮盛之时，思虑着光阴容易失去，他们朝思暮想，更加戒备谨慎，唯恐有失，不恣情，不纵欲，只求大道，于是能保全他们的美好名声。如果纵欲堕落，恣情败坏，发展到不可救治的危险地步，才顿足扼腕而追悔，那已经晚了。时光难得而易失啊！"

（《芝林书》）

原典

妙喜曰："古人先择道德，次推才学而进，当时苟非良器，置身于人前者，见闻多薄之。由是衲子自思砥砺名节而立。比见丛林凋丧，学者不顾道德，少节义，无廉耻，讥淳素为鄙朴，将嚣浮为俊敏。是故晚辈识见不明，涉猎抄写，用资口舌之辩，日滋月浸，遂成浇漓之风。逮语于圣人之道，瞢若面墙①，此殆不可救也。"

注释

①**面墙**：谓不学的人如面对着墙，一无所见。后即以"面墙"比喻不学。

译文

妙喜说："古人首先选择道德的人，其次推许才学的人向前，如不是当时的良器，却置于别人之前的人，不管见到他的人，还是听到他的人，都会轻薄他。由此，衲子应自思磨炼，确立名节。近来屡屡见到丛林凋丧，学者不顾道德，缺少节义，没有廉耻，讥讽淳厚素朴的人为鄙陋简朴的人，褒奖浮夸的人为才智敏捷的人。由此，使得晚辈识见不明，犹如涉水捕鱼，猎山取兽，东抄西写，并以此资凭口舌之辩，随着日滋月浸，于是形成不朴素敦厚的风气。等到谈论圣人之道，瞢瞢不明如面对着墙，一无所见，如此等人恐怕不可救治了。"

（《与韩子苍书》）

原典

妙喜曰："昔晦堂作《黄龙题名记》曰：'古之学者，居则岩穴，食则土木，衣则皮草，不系心于声利，不籍名于官府。自魏、晋、齐、梁、隋、唐以来，始创招提，聚四方学徒，择贤者规不肖，俾①智者导愚迷，由是宾主立，上下分矣。夫四海之众聚于一寺，当其任者，诚亦难能，要在终其大，舍其小，先其急，后其缓，不为私计专利于人，比汲汲②为一身之谋者，实霄壤矣。今黄龙以历代住持题其名于石，使后之来者见而目之曰孰道德，孰仁义，孰公于众，孰利于身。'呜呼！可不惧乎？"

①俾：使，从。

②汲汲：心情急切的样子。

译文

妙喜说："从前晦堂在所作《黄龙题名记》中说：'古代的学者，居岩穴，吃土木，穿皮草，不系心于声利，不籍名于官府。自魏、晋、齐、梁、隋、唐以来，始创寺院，聚集四方学徒，选择贤者去规范不贤者，使智者教导愚迷者，由此，宾主之位立，上下名分定。四海之众聚于一寺，担当起领导寺院的任务，也确实难能，根要在于最终成就大事，舍弃小事，急事先办，缓事后办，不计私利，专门利人。这与那些急切地为自己谋利的人，实有天壤之别。现今黄龙把历代住持的题名刻在石碑上，使后来者一目了然，知道谁有道德，谁有仁义，谁为公，谁为私。'呜呼！不可不有所畏惧啊！"

（《石刻》）

原典

张侍郎子韶谓妙喜曰："夫禅林首座之职，乃选贤之位，今诸方不问贤不肖，例以此为侥幸之津途，亦主法者失也。然则像季固难得其人，若择其履行稍优，才德稍备，识廉耻节义者居之，与夫险进之徒亦差胜矣。"

译文

张侍郎子韶对妙喜说："禅林首座的职位，乃是选贤才之位。现在各方禅林不问贤与不贤，一概以此为侥幸的津路，这也是主法人的过失。然而，佛法流行的后期，固然难得好人，但如选择那些操行稍优，才德稍备，知道廉耻节义的人担当首座的职务，那么，要比那些冒险竞进的人稍微胜任些吧。"

（《可庵集》）

原典

妙喜谓子韶曰："近代主法者，无如真如哲，善辅弼丛林莫若杨岐。议者谓：'慈明真率，作事忽略，殊无避忌。杨岐忘身事之，惟恐不周，惟虑不办。虽冲寒冒暑，未尝急己惰容。始自南源，终于兴化，仅三十载，总柄纲律，尽慈明之世而后已。'如真如者，初自束包行脚，逮于应世领徒，为法忘躯，不啻如饥渴者，造次颠沛，不遽色，无疾言。夏不排窗，冬不附火，一室翛然，凝尘满案。尝曰：'衲子内无高明远见，外乏严师良友，鲜①克有成器者。'故当时执拗如孚铁脚，倔强如秀圆通诸公，皆望风而偃。嗟乎！二老实千载衲子之龟鉴②也。"

注释

①鲜：少。
②龟鉴：龟，龟卜；鉴，镜子。比喻借鉴。

译文

妙喜对子韶说："近代主法人不如真如聪明，没有比杨岐更善于辅弼丛林的人了。有人议论说：'慈明圆禅师真诚率直，做事忽略，绝无避忌。杨岐忘我工作，唯恐不周到，最担忧有事不办。即使顶寒冒暑，也未曾使自己窘迫而显露懈怠的面容。开始于南源，终结于兴化，仅三十年，他总握纲纪、当律的大权，终慈明之世而后已。'如真如这样的人，从当初的束着包裹行脚，到出世领众，匡徒弘法，都能忘却身躯，不只是如饥似渴，在最急迫和倾覆流离的时候，也不惊慌，没有疾言。夏天不开窗户，冬天不靠近火。室内了无长物，案几上落满灰尘，一任自然。他曾说：'衲子内无高明远见，外乏严师良友，就很少能成器。'所以，当时像执拗的孚铁脚，倔强的秀圆通诸公，见真如与杨岐二师如此认真履道，都望风而倒。嗟乎！此二长老实是衲子千载要加以借鉴的榜样啊！"

（《可庵记闻》）

原典

子韶同妙喜、万庵三人诣前堂本首座寮①问疾。妙喜曰："林下人身安，然后可以学道。"万庵直谓："不然，必欲学道，不当更顾其身。"妙喜曰："尔遮汉又颠邪。"子韶虽重妙喜之言，而终爱万庵之语为当。

注释

①寮：小屋。

译文

子韶与妙喜、万庵三人到前堂本首座小屋询问他的病情。妙喜说："林下人身体安好，然后才可以学道。"万庵直说："并非如此，认为一心要学道的人，不应当更顾惜自己的身体。"妙喜说："你这汉又颠邪。"子韶虽重视妙喜的话，但终究认为万庵的话更为恰当。

（《记闻》）

　　子韶问妙喜："方今住持何先？"妙喜曰："安着禅和子①不过钱谷而已。"时万庵在座，以谓不然，计常住所得，善能撙节②浮费，用之有道，钱谷不胜数矣，何足为虑？然当今住持，惟得抱道衲子为先。假使住持有智谋，能储十年之粮，座下无抱道衲子，先圣所谓坐消信施，仰愧龙天③，何补住持？"子韶曰："首座所言极当。"妙喜回顾万庵曰："一个个都似尔。"万庵休去。

注释

　　①**禅和子：**参禅的人。

　　②**撙节：**节省。

　　③**龙天：**八部中的龙众与天众。

译文

　　子韶问妙喜："现今住持以什么为先？"妙喜说："安着参禅的人，不过是钱粮而已。"当时万庵在座，对妙喜的话不以为然。在万庵看来，计算常住所得，在于能很好地节省，灵活地支配费用，只要钱财用之有道，它们是不可胜数的，何足为此忧虑呢？然而，当今住持，唯应把得到抱道的衲子作为首先考虑的事情。假使住持有智谋，能储备十年的粮食。而如座下没有抱道的衲子，正如先圣所谓的那样，坐着消受信奉者的施物，是上愧龙天诸神，这样对住持有什么补益呢？"子韶说："首座所言极是。"妙喜回顾万庵说："一个个都似你。"万庵没说什么离去了。

（《可庵集》）

原典

万庵[①]颜和尚："妙喜先师初住径山，因夜参，持论诸方及曹洞宗旨不已。次日，音首座谓先师曰：'夫出世利生，素非细事，必欲扶振宗教，当随时以救弊，不必取目前之快。和尚前日作禅和子持论诸方，犹不可妄，况今登宝华王座称善知识耶？'先师曰：'夜来一时之说焉。'首座曰：'圣贤之学，本于天性，岂可率然？'先师稽首谢之，首座犹说之不已。"

万庵曰："先师窜衡阳，贤侍者录贬词揭示僧堂前，衲子如失父母，涕泗愁叹，居不遑处。音首座诣众寮白之曰：'人生祸患不可苟免，使妙喜平生如妇人女子，陆沉下板，缄默不言，故无今日之事。况先圣所应为者，不止于是，尔等何苦自伤？昔慈明、琅琊、谷泉、大愚结伴参汾阳，适当西北用兵，遂易衣混火队中往。今径山、衡阳相去不远，道路绝间关，山川无险阻，要见妙喜，复何难乎？'由是一众寂然，翌日相继而去。"

译文

万庵颜和尚说："妙喜先师初住径山，因在夜晚参禅，对多方理论提出自己的主张，直论述到曹洞宗旨还没有停止。次日，音首座对先师说：'出世利益众生，素来不是细小的事，必要扶持及振兴宗派的教义，应当随时去救治弊端，不须趁目前一时的快意，任性而谈。和尚前日对参禅的人持论诸方教义，尚不可妄加评论，何况今天登宝华王座称善知识呢？'先师说：'只是一夜之时的说论。'首座说：'圣贤之学来源于天性，怎可贸然地加以评论？'先师稽首称谢，但首座还是说个不停。"

万庵说："先师被放逐到衡阳，贤侍者抄录贬词，公布在僧堂前，衲子们如失父母，涕泪涟涟，愁叹不已，居不安闲。音首座前往众禅僧的小屋向他们表白说：'人生祸患，不可以苟且避免。假使妙喜平生像妇人女子一样，不出头露面，或如陆行水宿，居在下位的人而缄默不言，也不会出今日之事。且先圣所应当做的，还不止这些，你等何苦自伤呢？从前慈明、琅琊、谷泉、大愚诸禅师，结伴参禅于汾阳，当时适遇西北用兵，于是换了衣服，混入兵队之中一同前往。现在径山与衡阳两地相距不远，没有崎岖的道路，没有山川险阻，你们要见妙喜，又有什么难的呢？'听了音首座的这番话，众僧都寂然无声。次日，他们相继前去衡阳。"

（《庐山智林集》）

原典

万庵曰："先师移梅阳，衲子间有窃议者，音首座曰：'大凡评论于人，当于有过中求无过，讵可于无过中求有过？夫不察其心而疑其迹，诚何以慰丛林公论？且妙喜道德才器出于天性，立身行事惟义是从，其量度固过于人。今造物抑之，必有道矣，安得不知其为法门异时之福耶？'闻者自此不复议论矣。"

译文

万庵说："先师迁移到梅阳，衲子中偶然有人暗地议论这件事，音首座说：'大凡对人加以评论，应当在有过中求无过，怎么可在无过中求有过呢？不观察人的内在心思，而疑惑人的外在形迹，这样怎么可以慰藉丛林公论呢？况且，妙喜的道德才器出于天性，立身行事唯义是从，他的气量风度都有过人之处。现在造物主要压抑他，也一定有它的道理，但怎可不知这件事也可能成为佛门他日的福事呢？'听音首座这么一说，以后再没人议论了。"

（《智林集》）

原典

音首座谓万庵曰："夫称善知识，当洗濯其心，以至公至正接纳四来。其间有抱道德仁义者，虽有仇隙，必须进之。其或奸邪险薄者，虽有私恩，必须远之。使来者各知所守，一心同德，而丛林安矣。"

译文

音首座对万庵说："称为善知识的人，应当把自己的心洗到至公、至正的程度，这样才可以接纳四方学者。在他们中间，只要有把握道德仁义的人，即使与你有仇恨、隔阂，也必须提升他们。但对那些奸邪险薄的人，即使与你有私恩，也必须远离他们，从而使来求道的人各知所要守护什么，同心同德，这样丛林就安定了。"

（《与妙喜书》）

原典

又曰："凡住持者，孰不欲建立丛林？而鲜能克振者，以其忘道德，废仁义，舍法度，任私情，而致然也。诚念法门凋丧，当正己以下人，选贤以佐佑，推奖宿德，疏远小人，节俭修于身，德惠及于人，然后所用执侍之人，稍近老成者存之，便佞者疏之，贵无丑恶之谤，偏党之乱也。如此则马祖、百丈可侔①，临济、德山可逮。"

注释

①侔：齐等，相同。

译文

音首座又说："凡做住持的人，谁不希望建立丛林？但很少有能使丛林振兴的人，因为他们忘却了道德，废除了仁义，舍弃了法度，任用了私情，才使得这样的。如果真能念及法门的凋丧，那么就应当通过端正自己来影响下人，选用贤人来佐佑自己，推奖一向有道德的人而疏远小人，节俭修身，德惠他人，然后，选用稍近老成的人担当侍从，谄佞之人就不敢接近他，贵在没有丑恶的毁谤和偏邪党类的搅乱。如此，将可与马祖、百丈齐等，也可及临济、德山。"

（《智林集》）

原典

音首座曰："古之圣人以无灾为惧，乃曰：'天岂弃不谷①乎？'范文子曰：'惟圣人能内外无患。'自非圣人外宁必内忧。古今贤达知其不能免，尝谨其始为之自防。是故，人生稍有忧劳，未必不为终身之福。盖祸患谤辱，虽尧舜不可逃，况其他乎？"

注释

①**不谷：**不善之人，自谦词。

译文

音首座说："古代的圣人把没有灾祸视为可怕的事情，常言说：'天难道会抛弃我这个不善之人吗？'范文子说：'只有圣人能做到内外无患。'除非圣人，其他人外面安宁，里面必忧乱，古今贤达之人知道不能免除祸患，于是他们尝试着开始谨慎行事，以达到自我防备的目的。所以，人生稍有忧劳，未必不是终身的福气。祸患、谤辱，即使是尧舜也不可逃避，何况他人呢？"

（《与妙喜书》）

原典

　　万庵颜和尚曰："比见丛林绝无老成之士，所至三百五百，一人为主，多人为伴，据法王位，拈槌竖拂，互相欺诳。纵有谈说，不涉典章，宜其无老成人也。夫出世利生，代佛扬化，非明心达本，行解相应，讵敢为之？譬如有人妄号帝王，自取诛灭，况复法王，如何妄窃？呜呼！去圣逾远，水潦鹤之属，又复纵横，使先圣化门日就沦溺，吾欲无言，可乎？属庵居无事，条陈伤风败教为害甚者一二，流布丛林，俾后生晚进知前辈兢兢业业，以荷负大法为心。如冰凌①上行，剑刃上走。非苟名利也，知我罪我，吾无辞焉？"

注释

　　①凌：冰（多指块状或锥状的冰）。

万庵颜和尚说："多见丛林绝无老成之士，所到之处，见到三五百人共居一院，以一人为主，多人为其伴侣，登据法王座上，长老拈起槌，竖起拂尘，大家则打拱而互相欺诳。纵有谈说，也不涉及典章，如此，当然不需要老成之士。如不明心达本，修行与知解不相互呼应，怎敢出世利生，代佛扬化？譬如有人妄称帝王，将自取诛灭，又何况法王称号，如何能妄加窃取？呜呼！离圣更加遥远，而一种水潦鹤之属，到处称扬称郑，纵横于世，使先圣教化之门，日就没落，我想要不说，可以吗？我正值庵居无事，分条陈述一二件最厉害的伤风败教事件，让它们传布丛林，使后生晚进知道前辈是兢兢业业的，以肩负大法为志向，如在冰块上和剑刃上行走。不苟且求取名利，了解我的人以我言为是，不了解的人以我言为非，是非之责，我怎敢推辞？"

（《智林集》）

原典

万庵曰："古人上堂先提大法纲要审问大众，学者出来请益①，遂形问答。今人杜撰四句落韵诗，唤作钓话②。一人突出众前，高吟古诗一联，唤作骂阵。俗恶俗恶，可悲可痛！前辈念生死事大，对众决疑。既以发明，未起生灭心也。"

注释

①**请益**：向人请教。

②**钓话**：禅林住持上堂，向学者垂示难问题，谓之索话，又曰钓语、钓话。钓出学者的疑问。

译文

万庵说："古人上堂首先要提出大法纲要来审问大众，学者出来请教他们不明了的问题，于是就形成问答的场面。今人在杜撰四句落韵谱的诗，唤作向学者传示难题的钓话。一人突然走到众前，高吟古诗一联，唤作骂阵。庸俗丑恶，庸俗丑恶，真是可悲可痛！前辈思念的都是生死大事，向众僧垂示解决疑难的方法。既以发明己躬大事，生灭心也就不起了。"

原典

万庵曰："夫名行尊宿至院，主人升座，当谦恭叙谢，屈尊就卑，增重之语。下座同首座大众，请升于座，庶闻法要。多见近时，相尚举古人公案，令对众批判，唤作验他①。切莫萌此心。先圣为法忘情，同建法化，互相酬唱，令法久住，肯容心生灭兴此恶念耶？礼以谦为主，宜深思之。"

注释

①验他：证实，检验。

译文

万庵说："凡有德行名望的年长者到院，主人先要升座说法，叫作引座。主人应当谦恭叙谢他，要屈尊就卑，说话更加用厚重的言语。说法讫，下座同首座与大众请尊宿知识升座，希望能听到法要。近来多见沿习相尚的衲子举出古人公案，令他尊宿来对众批评判断，这就唤作相互检验。为主人者切莫萌发此等胜负之心。先圣为法忘情，同建正法之教化，而必要互相以诗词赠答，令正法长久不变。怎肯容忍心的生灭，兴起这种恶念呢？礼以谦恭为主，对此应当深思。"

原典

万庵曰："比见士大夫、监司、郡守入山有处，次日令侍者取覆长老，今日特为某官升座。此一节犹宜三思。

然古来方册①中虽载，皆是士大夫访寻知识而来。住持人因参次，略提外护②教门，光辉泉石之意。既是家里人，说家里两三句淡话，令彼生敬。如郭公辅、杨次公访白云，苏东坡、黄太史见佛印，便是样子也。岂是特地妄为，取笑识者？"

注释

①**方册**：典籍。
②**外护**：供给衣服、饮食为外护。

译文

万庵说："屡屡看到士大夫、监司、郡守或因公事等来山，寺中知事先获知，次日令侍者取士名通报长老，今日特为某官长升座。此一节事不可草率，还应该三思而行。古来典籍中虽有记载为官长上堂的事，但都是士大夫访寻知识而来。住持因他来求参语毕，次后略提护法来寺，使寺中泉石生光之意。既然是家里人，说家里两三句无关紧要的话，使他增长敬信。如郭公辅、杨次公访寻白云，苏东坡、黄太史拜见佛印，便是榜样。难道能无缘无故地上堂，如此虚妄作为，能不被智识人所取笑吗？"

万庵曰："古人入室，先令挂牌，各人为生死事大，踊跃来求决择。多见近时，无问老病，尽令来纳降款。有麝自然香，安用公界驱之？因此妄生节目，宾主不安，主法者当思之。"

译文

万庵说："古人开席说法，先令侍者挂牌，晓谕大众学人各人认为生死是大事，于是自然踊跃来求决择。近来多看到这样的情况，不管老人、病人，尽令他们来纳降款，即输诚尽敬。有麝自然就香，哪里必要公然设立界限以强制驱赶它来呢？因此，妄生枝节，妄假条目，宾主不安，主法的人应当思考这件事。"

原典

万庵曰："少林初祖衣法双传，六世衣止不传。取行解相应，世其家业，祖道愈光，子孙益繁。大鉴之后，石头、马祖皆嫡孙，应般若多罗①悬谶，要假儿孙脚下行是也。二大士玄言妙语流布寰区，潜符密证者，比比有之。师法既众，学无专门，曹溪源流派别为五。方圆任器，水体是同。各擅佳声，力行己任。等闲垂②一言，出一令，网罗学者，丛林鼎沸，非苟然也。由是互相酬唱，显微阐幽，或抑或扬，佐佑法化，语言无味，如煮木札羹，炊铁钉饭，与后辈咬嚼，目为拈古。其颂始自汾阳③，暨雪窦④宏其音，显其旨，汪洋乎不可涯。后之作者，驰骋雪窦而为之。不顾道德之奚若⑤，务以文彩焕烂相鲜为美，使后生晚进不克见古人浑淳大全之旨。呜呼！予游丛林及见前辈，非古人语录不看，非百丈号令不行，岂特好古？盖今之人不足法也。望通人达士，知我于言外可矣。"

注释

①**般若多罗**：禅家所立西天二十八祖中之第二十七祖。东天竺人。

②**垂**：传，赐。

③**汾阳**：即善昭禅师（公元九四七——一〇二四年），太原俞氏子，嗣首山念禅师，南岳下九世。

④**雪窦**：即明州（今浙江宁波）雪窦重显禅师（公元九八〇——一〇五二年），遂州（今四川遂宁）李氏子，嗣智门光祚禅师，青原下九世。

⑤**奚若**：奚落。讽刺，讥笑。

万庵说："少林初祖衣与法双传，到六世大鉴惠能就不传衣给后嗣者。取得修行与知解相互呼应，世袭家业，祖道愈加光耀，子孙更加繁盛。大鉴之后，石头希迁、马祖道一都回禀亲承于青原、南岳，是六祖的嫡孙，验应了般若多罗悬置的预言，即六祖之后要假借儿孙力量行使佛法。石头、马祖二大士，玄妙的语言已传布寰宇。其中有的暗合于无言的禅机，有的内证了佛的真实秘密，这样的人是比比皆是。师与法既然众多，学无专门，从曹溪禅宗源流分化为五个宗派。犹如盛水的器皿有方有圆，但水的体性则是相同的。它们各扬佳声，力行己任。平常地传一言，出一令就能网罗学道之人，如此，丛林鼎沸实非苟然了。由此，互相以诗词赠答，显微阐幽。或抑或扬，佐佑佛法扬化。语言无味，如煮木札羹，炊铁钉饭，与后辈咬嚼文字，称为拈起古则。这股风气是从汾阳开始的，到了雪窦，又弘大此种声音，显扬这种意旨，其气势深广，不可限极。以后的人又循着雪窦的轨迹，驰骋而为，他们竟不顾道德的讥笑，尽力以文采焕烂为鲜美的事，使得后生晚进不能看到古人那种浑淳、大全的本旨。呜呼！我游历丛林，所要参见的是前辈长老，不是古人的语录不看，不是百丈号令不行。这难道只是好古吗？原因是今人不值得效法。希望通达之人，知道我的言外之意，这样就可以了。"

原典

万庵曰："比见衲子，好执偏见，不通物情，轻信难回，爱人佞己。顺之则美，逆之则疏。纵有一知半解，返被此等恶习所蔽，至白首而无成者多矣。"

译文

万庵说："屡屡见衲子好执着偏见，不通晓物情，轻信难转，喜欢别人谄媚自己。对于顺着自己的人，就善待他，逆着自己的人，就疏远他。纵使有一知半解，如被此等恶习所蒙蔽，到老而学道一无所成的人将会很多。"

（已上并见《智林集》）

原典

万庵曰："丛林所至，邪说炽然，乃云：'戒律不必持，定慧不必习，道德不必修，嗜欲不必去。'又引《维摩》《圆觉》为证①，赞贪嗔痴、杀盗淫为梵行。呜呼！斯言，岂特起丛林今日之害，真法门万世之害也。且博地凡夫，贪嗔爱欲，人我无明，念念攀缘，如一鼎之沸，何由清冷？先圣必思大有于此者，遂设戒、定、慧三学以制之，庶可回也。今后生晚进，戒律不持，定慧不习，道德不修，专以博学强辩摇动流俗，牵之莫返。予固所谓斯言乃万世之害也。惟正因行脚高士，当以生死一着②辨明，持诚存信，不为此辈牵引。乃曰：'此言不可信，犹鸩③毒之粪，蛇饮之水，闻见犹不可，况食之乎？其杀人无疑矣。'识者自然远之矣。"

注释

①引《维摩》《圆觉》为证：引述《维摩经》所说"大乘菩萨示有妻子，常修梵行……入诸淫舍，示欲之过"，以及《圆觉经》所说"一切障碍即究竟觉，乃至诸戒、定、慧及淫、怒、痴俱为梵行"等语为例证。

②一着：犹言一事。

③鸩：传说中的一种有毒的鸟。

译文

万庵说："今丛林到处邪说炽然而不息，有人仍认为：'不必持有戒律，不必学习定慧，不必修养道德，不必去除嗜欲。'又引《维摩》《圆觉》为例证，称赞贪、嗔、痴、杀、盗、淫为梵者清净之行。呜呼！这样的言论，怎只是丛林今日的祸害，真是法门万世的祸害啊！而且，大地凡夫，贪嗔爱欲，人我不明，念念攀缘，如同一鼎沸液，如何让它清冷？先圣对此一定思考了许多，于是设立戒、定、慧三学以制约邪说，如此，大概可以扭转世风。现今的后生晚辈，戒律不持，定慧不习，道德不修，专以博学强辩来摇动流俗之辈，牵引他也不知返回。所以我说这种言论，乃是万世的祸害。正因为是修行的禅僧、高士，应当将生死一事辨明，持诚存信，不被此辈牵引。所以说：'上述邪说是不可相信的。此等邪说，犹如毒鸟屙的粪，毒蛇饮的水，连闻见都不可，何况要食它们呢？它们无疑是可以杀人的。'有见识的人自然要远离它。"

(《与草堂书》)

原典

万庵曰："草堂弟子，惟山堂有古人之风。住黄龙日，知事公干，必具威仪，诣方丈受曲折，然后备茶汤礼，始终不易。有智恩上坐，为母修冥福，透下金二钱，两日不寻。圣僧才侍者，因扫地而得之，挂拾遗牌，一众方知。盖主法者清净，所以上行下效也。"

万庵说："草堂弟子中，只有山堂有古人的风度。住在黄龙的日子里，那里的知事僧做起公事来必具威仪，到方丈那里领受吩咐，然后按照礼节，准备茶汤，如此始终不易。有一位名叫智恩的上座，为亡母修资福，以追悼慈恩，掉下二钱金子，两日没有来寻找。一位叫圣僧的才侍者，因为扫地而拾到了它，于是挂起招领牌，众僧才知道发生了什么事。因为主法的人清净，所以才出现上行下效的局面。"

（《清泉集》）

原典

万庵节俭，以小参普说当供。衲子间有窃议者，万庵闻之曰："朝飧膏粱，暮厌粗粝①，人之常情。汝等既念生死事大，而相求于寂寞之滨，当思道业未办，去圣时遥，讵可朝夕事贪饕②耶？"

注释

①粗粝：粗糙的米。

②饕：贪财，贪食。

　　万庵是节俭之人，以不定时地说法以及普说正法的方式作为供养而不用物品。对此，衲子暗地里时有议论。万庵听到以后说道："早晨享受了精美的食品，晚上便厌吃粗糙的米饭，这是人之常情。你等既念生死是大事，来到这寂寞的山水间，就应常思成佛果之善业未办，离成圣的时间还很遥远，怎么可以朝夕就想着贪食的事呢？"

（《真牧集》）

　　万庵天性仁厚，处躬廉约。寻常出示语句，辞简而义精，博学强记，穷诘道理，不为苟止而妄随。与人评论古今，若身履其间，听者晓然如目睹。衲子尝曰："终岁参学，不若一日听师谈论为得也。"

　　万庵天性仁厚，对自身廉洁节约。寻常出言开示，辞简而义理至精，学广而记忆很强，善于穷究详诘其中的旨趣，于事于理，决不苟且而止息，又不虚妄而随人言说。与人评论古今，好像亲自践履其间，使闻听者通晓，如同亲自看到。衲子曾说："终年参究学问所得，不如一日听大师谈论所得。"

（《记闻》）

原典

万庵谓辩首座^①曰："圆悟师翁有言：'今时禅和子，少节义，勿廉耻，士大夫多薄之。'尔异时，傥不免做遮般虫豸^②。常常在绳墨上行，勿趋势利，佞人颜色，生死祸患，一切任之，即是不出魔界而入佛界也。"

注释

①辩首座：即成都府昭觉寺大辩禅师，嗣大沩法泰禅师，南岳下十六世。

②虫豸：虫子。

译文

万庵对辩首座说："圆悟师翁有言：'今时参禅的人，缺少节义，没有廉耻，士大夫多看不起他们。'你们今后也许也免不了做这般虫子。我期望你们要常常在规矩正路上走，不要趋逐势利，媚颜他人。至于生死祸患，一切随任自然，那就能不落入魔界而入佛界了。"

(《法语》)

原典

辩首座出世住庐山栖贤，常携一筇[1]，穿双屦[2]，过九江。东林混融老[3]见之，呵曰："师者，人之模范也，举止如此，得不自轻？主礼甚灭裂。"辩笑曰："人生以适意为乐，吾何咎焉？"援毫书偈而去。偈曰：

> 勿谓栖贤穷，身穷道不穷。
> 草鞋狞似虎，拄杖活如龙。
> 渴饮曹溪水，饥吞栗棘蓬。
> 铜头铁额汉，尽在我山中。

混融览之有愧。

注释

①筇：竹子做成的手杖。

②屦：古时用麻、葛等制成的鞋。

③混融老：即普融知藏，福州人，得法于五祖演禅师，南岳下十四世。

辩首座出世住在庐山栖贤寺的时候，他常携带着一根竹手杖，穿一双用麻制成的鞋。当辩首座过九江转到东林的时候，混融长老见到他这样，就叱呵道："教人入道的师者，是人的模范，举止如此，这不是自己轻贱自己吗？太灭裂主人之礼了。"辩首座笑着说："人生以适意为乐，我有什么过错呢？"手提毛笔书写一偈而去。偈曰：

> 勿谓栖贤穷，身穷道不穷。
>
> 草鞋狞似虎，拄杖活如龙。
>
> 渴饮曹溪水，饥吞栗棘蓬。
>
> 铜头铁额汉，尽在我山中。

混融看了此偈，深感有愧。

（《月窟集》）

原典

辩公谓混融曰："像龙不足致雨，画饼安可充饥？衲子内无实德，外恃华巧，犹如败漏之船，盛涂丹艧①，使偶人驾之，安于陆地，则信然可观矣，一旦涉江湖，犯风涛得不危乎？"

①艕：舟。

译文

辩公对混融说："画龙不足致雨，画饼怎能充饥？衲子内无实德，外恃华巧，犹如破漏的船，把它涂成一只华丽的彩船，让土木做的偶人驾驶它，放在陆地上，那么，确实相信它可供观赏。而一旦将它驶入风涛的江湖之中，能不发生危险吗？"

（《月窟集》）

原典

辩公曰："所谓长老者，代佛扬化，要在洁己。临众行事，当尽其诚，岂可择利害自分其心？在我为之，固当如是，若其成与不成，虽先圣不能必，吾何苟乎？"

译文

辩公说："所谓长老，是要代佛宣化，根要在于洁身自好。当众行事，应当竭尽真诚，怎可选择利害与否而有执着分别的心呢？对于我来说，固然应当竭尽诚意，至于成功与否，即使先圣也不能完全事事都成功，我又如何能苟且勉强它的成功呢？"

（《月窟集》）

原典

辩公曰："佛智住西禅，衲子务要整齐，惟水庵赋性冲澹，奉身至薄，昂昂然在稠人中，曾不屑虑。佛智[1]因见之呵曰：'奈何疏苴[2]如此？'水庵[3]对曰：'某非不好受用，直以贫无可为之具。若使有钱，亦欲做一两件皮毛，同入社火[4]。既贫固无，如之何？'佛智笑之，意其不可强，遂休去。"

注释

[1]**佛智**：庆元府（今浙江瓯海道）育王寺佛智裕禅师，嗣圆悟勤禅师。

[2]**疏苴**：指不遵轨辙的粗野之人。

[3]**水庵**：临安府（今浙江杭州）净慈水庵端一禅师，婺州（今浙江金华）马氏子，嗣佛智裕禅师，南岳下十六世。

[4]**社火**：犹言同伙。

译文

　　辩公说："佛智住西禅的时候，要求衲子务必要衣帽整齐，唯有水庵天性冲和淡泊，自己的所有极其微薄，在稠人广众之中却精神昂扬，不曾自轻，也无忧虑。佛智因为看到水庵这个样子，就叱责他说：'你如此地像蘦苴之人，如何是好？'水庵回答说：'我并非不喜欢受用，只是因为贫穷，没有能力添置用具。假使有钱，也想做一两件皮毛衣服，与大伙一样整齐。既然贫穷，所以就不能与同伙一样了。'佛智对他笑笑，意识到此事不可强求，于是没说什么就走了。"

（《月窟集》）

5 卷四

佛智裕和尚曰："骏马之奔逸而不敢肆足者，衔辔[1]之御也；小人之强横不敢纵情者，刑法之制也；意识之流浪不敢攀缘者，觉照之力也。呜呼！学者无觉照，犹骏马无衔辔，小人无刑法，将何以绝贪欲，治妄想乎？"

注释

①衔辔：御马工具。"衔"，横在马口中备抽勒的铁。"辔"，驾驭牲口的缰绳。

佛智裕和尚说："骏马不敢放足奔逸，因为有衔辔的御制；小人不敢纵情强横，因为有刑法的制约；人的意识不敢随处攀缘流浪，是觉照之力。呜呼！学者没有觉照，如同骏马没有衔辔，小人没有刑法，将用什么方法去断绝人的贪欲，调治人的妄想呢？"

（《与郑居士法语》）

佛智谓水庵曰："住持之体有四焉：一道德，二言行，三仁义，四礼法。道德、言行乃教之本也，仁义、礼法乃教之末也。无本不能立，无末不能成。先圣见学者不能自治，故建丛林以安之，立住持以统之。然则丛林之尊，非为住持；四事①丰美非为学者，皆以佛祖之道故。是以善为住持者，必先尊道德，守言行。能为学者，必先存仁义，遵礼法。故住持非学者不立，学者非住持不成。住持与学者，犹身之与臂，头之与足，大小适称而不悖，乃相须而行也。故曰，学者保于丛林，丛林保于道德。住持人无道德，则丛林将见其废矣。"

注释

①**四事：**指衣服、饮食、卧具、汤药。

译文

佛智对水庵说："住持大体上有四个支撑点：一是道德，二是言行，三是仁义，四是礼法。道德、言行乃是教化的根本，仁义、礼法乃是教化的枝节。无本事就不能立，无末事就不能成。先圣看到学者不能自治，所以建立丛林制度来安治他们，选立住持来统领他们。然而，丛林的尊严，不是为了住持；饮食、衣服、卧具、医药四事的丰美，不是为了学者，这都是因为有了佛祖之道的缘故。所以说，善为住持的人必先尊尚道德，守卫言行。能为学者的人，必先保存仁义，遵循礼法。因此，住持没有学者不能立，学者没有住持不能成。住持与学者，犹如身体与臂，头与足的关系，大小适宜、相称而不违背，就必须相互依靠而行。所以说，学者由丛林保护着，丛林由道德保护着。如住持人没有道德，那么，丛林必将呈现颓废之势。"

（《实录》）

　　水庵一和尚曰："《易》言：'君子思患而预防之。'是故，古之人思生死大患，防之以道，遂能经大传远。今之人谓求道迂阔，不若求利之切当。由是竞习浮华，计较毫末，希目前之事，怀苟且之计。所至莫肯为周岁之规者，况生死之虑乎？所以学者日鄙，丛林日废，纲纪日坠，以至陵夷^①颠沛，殆不可救。嗟乎！可不鉴哉？"

注释

　　①陵夷：衰落。

译文

　　水庵一和尚说："《周易》说：'君子思虑祸患是为了预防祸患。'因此，古人思虑生死大患，并用道去预防它的发生，从而古人能够经营大事并且传播久远。而今人认为求道是迂阔的行为，不如求利切当。由此，竞相习染浮华的风气，计较毫末的得失，希图目前之事，心怀苟且之计。所作所为，不肯做出一年的规划，又怎么能对生死大事做出久远的思虑呢？所以学者日益鄙陋，丛林日益颓废，纲纪日益坠落，以至衰落倾倒，几乎不可救治。嗟乎！对此，难道不应引以为鉴吗？"

（《双林实录》）

原典

水庵曰："昔游云居，见高庵夜参谓：'至道径挺，不近人情，要须诚心正意，勿事矫饰偏邪。矫饰则近诈佞，偏邪则不中正，与至道皆不合矣。'窃思其言近理，乃刻意践之。逮见佛智先师，始浩然大彻，方得不负平生行脚之志。"

译文

水庵说："从前游历到云居时，看见高庵夜晚参禅时说道：'现在的禅僧远离至道，不近人情，因此，须要使心思真诚，端正意念，不做矫饰偏邪的事。矫饰就近乎诈佞，偏邪就不中正，它们与至道都不符合。'我想这些话有道理，于是刻意实践它。等到见了佛智先师，才大彻大悟，也才得以不辜负一生行脚人的志向。"

（《与月堂书》）

原典

水庵曰："月堂①住持，所至以行道为己任，不发化主②，不事登谒。每岁食指，随常住所得用之，衲子有志充化，导者多却之。或曰：'佛戒比丘持钵以资身命，师何拒之弗容？'月堂曰：'我佛在日则可，恐今日为之必有好利者，而至于自鬻③矣。'因思月堂防微杜渐，深切着明，称实之言，今犹在耳。以今日观之，又岂止自鬻而已矣。"

注释

①**月堂**：临安府（今浙江杭州）净慈月堂道昌禅师，嗣妙湛慧禅师，青原下十四世。

②**化主**：劝化信徒布施以供三宝。

③**鬻**：卖。

译文

水庵说："月堂住持能做到以行道为己任，不分发衲子出外化缘，不做登堂谒拜贵人之事。每年根据寺中的人口数运用寺院的常住财物。衲子见常住艰难，愿出外募化，月堂也多拒绝这样做。有的人就说：'持佛戒的比丘，也需持饭钵以资化身命，大师为什么拒不接纳呢？'月堂说：'我佛在的时候是可以的，而今日要这样做，恐怕必有好利的人去出卖自己的灵魂。'因而我在想，月堂那样做，为的是防微杜渐，其用心深切着明。月堂所说的真实之言，今犹在耳边回响。从今日丛林的情况看来，那些好利之徒又岂止是在出卖自己的灵魂啊！"

（《法语》）

原典

水庵谓侍郎尤延之①曰："昔大愚、慈明、谷泉、琅琊，结伴参汾阳。河东苦寒，众人惮之，惟慈明志在于道，晓夕不怠，夜坐欲睡，引锥自刺。叹曰：'古人为生死事大，不食不寝，我何人哉而纵荒逸？生无益于时，死无闻于后，是自弃也。'一旦辞归，汾阳叹曰：'楚圆今去，吾道东矣。'"

注释

①**尤延之：**姓尤名袤字延之，号遂初居士，问道于水庵端一禅师。

译文

水庵对尤延之侍郎说："从前大愚、慈明、谷泉、琅琊结伴参拜汾阳昭禅师，河东生活苦寒，众人都很畏惧，只有慈明志在于道，朝夕从不懈怠，夜坐想睡的时候，就拿锥子刺自己。他感叹地说：'古人为生死大事，可以不食不寝，我是什么人呢？怎么可以使自己迷于安逸而荒废事务呢？活着对当时没有益处，死了对后代没有影响，这是自己抛弃自己。'慈明忽然有一天辞别了汾阳而去，汾阳感叹地说道：'慈明今去，我道也随他东去了。'"

（《西湖记闻》）

原典

水庵曰："古德住持率己行道，未尝苟简自恣①。昔汾阳每叹，像季浇漓，学者难化。慈明曰：'甚易，所患主法者不能善导耳。'汾阳曰：'古人淳诚，尚且三二十年方得成办。'慈明曰：'此非圣哲之论，善造道者，千日之功。'或谓慈明妄诞不听，而汾地多冷，因罢夜参。有异比丘谓汾阳曰：'会中有大士六人，奈何不说法？'不三年，果有六人②成道者。汾阳尝有颂曰：'胡僧金锡光，请法到汾阳，六人成大器，劝请为敷扬③。'"

注释

①苟简自恣：轻率放任。

②**六人：**即指慈明、大愚、琅琊、谷泉、法华、胜泰六人。

③**敷扬：**传布，宣扬。

译文

水庵说："古代有德的住持能率己行道，未曾轻率放任。从前汾阳每每叹息，佛法流行的后期，世风浮薄，学者难以教化。慈明说：'这很容易理解，所忧患的是主法的人不能善于教导而已。'汾阳说：'古人淳厚真诚，尚且需用二三十年方得成道。'慈明说：'这不是圣哲之论。善于悟道的人，仅需千日的工夫即可成道。'有人认为慈明的话妄诞，不能听信。而汾地十分寒冷，因此停止夜参。对此有异议的比丘对汾阳说：'门中有大士六人，他们怎么可以停参而不说法呢？'不到三年，果真有六人成道。汾阳曾经有颂说：'胡僧金锡光，请法到汾阳，六人成大器，劝请为宣扬。'"

（《西湖记闻》及《僧传》）

原典

投子清①和尚画水庵像求赞②曰："嗣清禅人，孤硬无敌，晨昏一斋，胁不至席，深入禅定，离出入息，名达

九重。谈禅选德，龙颜大悦，赐以金帛，力辞者三，上
乃嘉叹真道人也。草木腾焕，传予陋质，炷香请赞，是
所谓青出于蓝而青于蓝者也。"

注释

①**投子清**：舒州（今安徽潜山）投子山义清禅师（公
元一〇三二——一〇八三年），嗣水庵一禅师，南岳下十七
世。

②**赞**：像赞，画像上的题词，内容是称赞人物的。

译文

投子清和尚画了一幅水庵像，并请求水庵为此画
像题词，此赞说："清禅人是我后嗣，孤硬无敌，早晚
一斋，两胁不挨床，深入禅定，离出入息，名达九重之
外。他被召入选德殿中问道，皇帝闻见龙颜大悦，赐以
金帛，投子清再三力辞不纳，皇帝赞美他是真道人。天
子一言足使草木奋起焕发，传我简陋的本质，又烧香请
我作赞。这真是所谓青出于蓝而胜于蓝啊！"

（见画像）

原典

水庵曰："佛智先师言：东山演祖尝谓耿龙学曰：'山僧有圆悟，如鱼之有水，鸟之有翼。'故丞相紫岩居士^①赞曰：'师资相可，希遇一时，始终之分，谁能间之？'紫岩居士可谓知言矣。比见诸方尊宿，怀心术以御衲子，衲子挟势利以事尊宿，主宾交利，上下欺侮，安得法门之兴，丛林之盛乎？"

注释

①**紫岩居士**：即张浚，字德远，号紫岩居士，南宋绍兴初年拜封为和国公，问道于圆悟勤禅师。

译文

水庵说："佛智先师有言：东山演祖曾对耿龙学说：'山僧我有了圆悟，如鱼有水，鸟有翼。'所以丞相紫岩居士称赞道：'师父与弟子可以互相资助，希望相遇一时，师父教化弟子，弟子资助师父，师徒始终相契，有一定的素分，谁能离间他们呢？'紫岩居士所言，可谓深得师徒之理。近来多见各方长老，身怀心术来驾驭衲子，而衲子挟势利来服侍长老，主宾交互求利，上下互相欺侮。如此，佛门怎得兴旺？丛林怎得盛兴呢？"

（《与梅山润书》）

原典

水庵曰："动人以言，惟要深切。言不深切，所感必浅，人谁肯怀？昔白云师祖送师翁住四面，叮咛曰：'祖道凌迟①，危如累卵，毋恣荒逸，虚丧光阴，复败至德。当宽容量度，利物存众，提持此事，报佛祖恩。'当时闻者孰不感恸？'尔昨来召对宸庭②，诚为法门之幸，切宜下身尊道，以利济为心，不可矜己自伐。从上先哲谦柔敬畏，保身全德，不以势位为荣，遂能清振一时，美流万世。予虑光景不长，无复面会，故此切嘱。'"

注释

①凌迟：衰颓，凋败。

②宸庭：帝王的居处。北极星所在为宸，后借用帝王所居。

译文

水庵说："用语言感化人，主要在于深切。语言不深切，感化力一定很浅，如此，谁人肯归向你呢？从前白云师祖送师翁住四面时，叮咛说：'祖道衰颓，危险得像堆起来的蛋一样，极易滚下打破。不要任意迷于安逸，虚度光阴，再去败坏至德。应当宽容大度，利益众生，存抚大众。把握此事以报答佛祖恩泽。'当时听到白云师祖这番话的人，谁不感恸？白云又说：'你昨天来的时候，被皇上召到皇宫对话，真是法门的荣幸。切应曲身尊道，以利济众生为志向，不可自夸功绩。从前，先哲们能谦柔敬畏，保身全德，不以势位为荣，于是他们的清誉，才能振兴一时，美名流芳万世。我想我没有多长光景了，可能没有机会再会面了，所以这才切切叮咛一番。'"

（见《投子书》）

原典

水庵少倜傥，有大志，尚气节，不事浮靡，不循细检，胸次①岸谷，徇身以义，虽祸害交前，不见有殒获②之色。住持八院，经历四郡，所至兢兢业业，以行道建立为心。淳熙五年退西湖净慈，有偈曰："六年洒扫皇都寺，瓦砾翻成释梵宫。今日功成归去也，杖头八面起清风。"士庶遮留不止，小舟至秀之天宁，未几示疾，别众告终。

①胸次：胸中，心里。

②殒获：通"陨获"，犹丧失志气。

译文

水庵少年时就洒脱，有大志，崇尚气节，不事浮华，不循细则。心胸开阔，为义可以牺牲生命。即使面临祸害，也不见有丧失志气的样子。曾有在四个郡、八个寺院做住持的经历，所到之处，都能兢兢业业，以行道建功为志向。南宋孝宗淳熙五年，退居西湖净慈寺，上堂有偈说："六年洒扫皇都寺，瓦砾翻成释梵宫。今日功成归去也，杖头八面起清风。"士大夫以及老百姓都挽留不止，于是乘小舟到了嘉兴秀水县的天宁寺，没多久，水庵患病，最终告别了大众。

（《行实》）

原典

月堂昌和尚曰："昔大智禅师虑末世比丘骄惰，特制规矩以防之。随其器能，各设攸司，主居丈室，众居通堂。列十局头首①之严，肃如官府。居上者提其大纲，在下者理其众目，使上下相承，如身之使臂，臂之使指，莫不率从。是以前辈遵承翼戴②，拳拳③奉行者，以先圣之遗风未泯故也。比见丛林衰替，学者贵通才贱守节，尚浮华薄真素，日滋月浸，渐入浇漓。始则偷安一时，及玩习既久，谓其理之当然，不谓之非义，不谓之非理。在上者惴惴焉畏其下，在下者睽睽焉伺其上。平居则甘言屈体以相媚悦，得间则狠心诡计以相屠狯④。成者为贤，败者为愚，不复问尊卑之序，是非之理。彼既为之，此则效之；下既言之，上则从之；前既行之，后则袭之。呜呼！非彦⑤圣之师乘愿力，积百年之功，其弊固则莫能革矣。"

注释

①**十局头首**：即指两堂首座、书记、藏主、知客、都管、监寺、副寺、维那、典座。

②**翼戴**：辅助，拥戴。

③**拳拳**：牢握不舍之意，引申为恳切。

④**屠狯**：屠杀狡狯。"屠"，屠杀。"狯"，狡诈。

⑤**彦**：古代指有才德的人。

译文

月堂昌和尚说："从前百丈大智禅师忧虑末世比丘骄横、惰落，特制定规矩、法制加以防范。依据各人的才能，设立攸司，主寺者居住丈室，众僧居住通堂。开列十局头首，所掌之职严肃如官府。在上者提举大纲，在下者理顺众目，使上下相互承接，如身体指使臂膀，臂膀指使手指一样，莫不率从。所以，前辈们互相遵循、承接和辅佐。他们之所以要以恳切之心去奉行此风，是因为先圣的遗风没有泯灭的缘故。近来多见丛林衰败、更替，学者只以通达才学为贵重而鄙贱守节，崇尚浮华而轻真素。由于日滋月浸，逐渐形成浮薄的风俗。开始只想偷安一时，等到玩习既久，就认为是理所当然的了，并不认为它是不义的和非理的。在上的人惴惴不安，畏惧在下的人；在下的人张目注视，窥伺在上的人。平常在一起，就甜言屈体以互相谄媚、取悦。而得有间隙可乘，就狠心诡计以互相屠杀、狡诈。成者为贤，败者为愚，不再问什么尊卑的次序，是非的道理。他既这样做了，我也就仿效他那样去做；下面的人既这样说了，上面的人也就跟着他们那样说。以前既这样实行了，以后也就因袭以前那样实行。呜呼！如果没有具有才德、智慧之师，乘载誓愿的力量，积聚百年之功，那么对以上的弊端是必定不能革除的。"

（《与舜和尚书》）

原典

月堂住净慈最久，或谓："和尚行道经年，门下未闻有弟子，得不辜妙湛①乎？"月堂不对。他日再言之，月堂曰："子不闻，昔人种瓜而爱甚者，盛夏之日方中而灌之，瓜不旋踵②而淤败，何也？其爱之非不勤，然灌之不以时，适所以败之也。诸方老宿提挈衲子，不观其道业内充，才器宏远，止欲速其为人。逮审其道德则淫污，察其言行则乖戾，谓其公正则邪佞，得非爱之过其分乎？是正犹日中之灌瓜也。予深恐识者笑，故不为也。"

注释

①妙湛：福州雪峰妙湛思慧禅师，嗣法云善本禅师，青原下十三世。

②旋踵：转足之间。形容迅速。

译文

月堂在净慈寺居住得最久，有人问月堂："你行道已经数年了，还没有听说你门下有弟子，这不是辜负了妙湛禅师吗？"月堂没有对答。后来那人又向月堂言及此事，月堂说："你没听说过，从前有个甚爱种瓜的人，在盛夏的正午之时给瓜浇灌，转足之间瓜淤败田间，这是什么原因呢？爱种瓜的人照管他的瓜并非不勤，而是给瓜浇灌的时候不适宜，这才所以招致瓜的淤烂。各方长老提挈衲子的时候，不观察他们的道业是否内在充实，才器是否宏大久远，只是想要迅速提挈任用。等到审视他们的道德，就发现他们道德淫污；审察他们的言行，就发现他们言行乖戾；说起他们的公正，就发现他们邪佞。这难道不是所谓爱人爱得过分所致吗？这正如同正午给瓜浇灌一般。我深恐被有见识的人耻笑，所以不做那些虚妄授受之事。"

（《北山记闻》）

原典

月堂曰："黄龙居积翠，困病三月不出。真净宵夜恳祷，以至然顶炼臂^①，仰祈阴相。黄龙闻之，责曰：'生死固吾分也，尔参禅不达理若是。'真净从容对曰：'丛林可无克文，不可无和尚。'识者谓：'真净敬师重法，其诚至此，他日必成大器。'"

①**然顶炼臂**：束香于头、臂上，以火烧灼，佛教徒以身体供养诸佛、菩萨，以求清净戒体。

译文

月堂说："黄龙居住在积翠，为病所困，三月不出。真净通宵恳切为他祈祷，甚至以火烧灼头、臂，仰祈佛力加持。黄龙听说后，叱责真净道：'生死是我固有的素分，你参禅不达理竟到了如此地步！'真净从容地回答说：'丛林可以没有我克文，不可以没有和尚您。'有见识的人说：'真净敬师重法，诚心到如此地步，以后必成大器。'"

（《北山记闻》）

原典

月堂曰："黄太史鲁直尝言：'黄龙南禅师器量深厚，不为事物所迁，平生无矫饰。门弟子有终身不见其喜怒者，虽走使致力之辈，一以诚待之，故能不动声气而起慈明之道，非苟然也。'"

月堂说："黄太史鲁直曾说：'黄龙南禅师器量深厚，不被事物所迁染，平生从不矫饰。门中弟子有的终身没有看过他显现喜怒之情，即使对差役力卒，也同样以诚相待。所以，黄龙能不动声色地振兴慈明之道，并不是随便可做到的事。'"

（一本见《黄龙石刻》）

原典

月堂曰："建炎己酉上巳[①]日，钟相[②]叛于沣阳，文殊导禅师厄于难，贼势既盛，其徒逸去。师曰：'祸可避乎？'即毅然处于丈室，竟为贼所害。无垢居士跋其《法语》曰：'夫爱生畏死人之常情，惟至人悟其本不生，虽生而无所爱；达其未尝灭，虽死而无所畏。故能临死生祸患之际，而不移其所守。'师其人乎？以师道德节义，足以教化丛林，垂范后世。师名正导，眉州丹棱人，佛鉴之嗣也。"

注释

①**建炎己酉上巳**：南宋高宗建炎三年三月上旬，即

公元一一二九年农历三月上旬。"上巳",节日名。古时以阴历三月上旬巳日为"上巳"。

②**钟相**:南宋初年洞庭湖地区农民造反首领,武陵(今湖南常德)人。

译文

月堂说:"南宋建炎三年三月上旬,钟相在沣阳叛乱,文殊导禅师遭受危难,叛贼势力既而强盛,文殊导禅师的门徒纷纷逃亡而去。导禅师说:'祸是可以逃避的吗?'随即他毅然待在丈室,但后来竟被叛贼所害。无垢居士在他的《法语》跋中说:'爱生畏死是人之常情,只有至人才领悟他们本初不生,即使有生,但也没有所爱。达到了未曾寂灭的境界,即使有死,但也没有畏惧。所以能面临死生祸患之际,而不改变他们的操守。'导禅师是什么样的呢?因为他师法道德节义,所以足以教化丛林,流传后世。导禅师名正导,眉州丹棱人,是佛鉴的后嗣。"

(一本见《庐山岳府惠太师记闻》)

原典

心闻贲①和尚曰:"衲子因禅致病者多,有病在耳目者，以瞠眉努目、侧耳点头为禅。有病在口舌者，以颠言倒语、胡喝乱喝为禅。有病在手足者，以进前退后、指东划西为禅。有病在心腹者，以穷玄究妙、超情离见为禅。据实而论，无非是病。惟本色宗师，明察几微，目击而知其会不会，入门而辨其到不到，然后用一锥一劄②，脱其廉纤③，攻其搭滞④，验其真假，定其虚实，而不守一方便昧乎变通，俾终蹈于安乐无事之境而后已矣。"

①**心闻贲**：台州（今浙江临海）万年寺心闻昙贲禅师，永嘉（今浙江温州）人，嗣育王介谌禅师，南岳下十六世。

②**劄**：同"扎"，刺。

③**廉纤**：细微，纤细。

④**搭滞**：附滞，附着滞固。

译文

心闻贲和尚说："衲子多人因参禅而得病，有的得了耳目病，他们以瞠眉努目、侧耳点头为禅。有的得了口舌病，他们以颠言倒语、胡喝乱喝为禅。有的得了手足病，他们以进前退后、指东划西为禅。有的得了心腹病，他们以穷玄究妙、超情离见为禅。据实而论，以上所迷无不是病。唯有本色宗师，能明察细微，一看就知道他们会不会参禅，入门就知道他们能不能悟道，然后用刺扎那些不会不能的人，脱去他们细微的做作，攻击他们附着的滞固，检验他们的真假，判定他们的虚实，不固守使用一种方便之法而不知变通，使他们终究进入安乐无事的境界而后已。"

（《语录》）

原典

心闻曰："古云：'千人之秀曰英，万人之英曰杰。'衲子有智行闻于丛林者，岂非近英杰之士耶？但能勤而参究，去虚取实，各得其用，则院无大小，众无多寡，皆从其化矣。昔风穴①之白丁，药山②之牛栏，常公③之大梅，慈明之荆楚，当此之时，悠悠④之徒，若以位貌求，必见而诮⑤之。一旦据师席，登华座，万指围绕，发辉佛祖叔世⑥之光明。丛林孰不望风而靡？矧⑦前辈皆负环伟之材、英杰之气，尚能区区⑧于未遇之际，含耻忍垢，混世同波而若是，况降兹者欤。呜呼！古犹今也，此犹彼也。若必待药山、风穴而师之，千载一遇也。若必待大梅、慈明而友之，百世一出也。盖事有从微而至著，功有积小而成大，未见不学而有成，不修而先达者。若悟此理，师可求，友可择，道可学，德可修，则天下之事何施而不可？古云：'知人诚难，圣人所病，况其他乎？'"

注释

①**风穴**：风穴延沼禅师（公元八九六—九七三年），嗣南院慧颙禅师，风穴因寇乱隐居于郢州（今属湖北）白丁之地。

②**药山**：即药山惟俨禅师，曾隐居于燕京（今北京）东北牛栏山。

③**常公**：即法常禅师，曾隐于鄞县（今浙江宁波市鄞州区）南七十里的大梅山。

④**悠悠**：众多。

⑤**诒**：欺骗，遗弃。

⑥**叔世**：衰乱的时代。

⑦**矧**：况且。

⑧**区区**：平凡庸碌。

译文

心闻贲和尚说："古语说：'累积千人之优叫英，累积万人之英才叫杰。'以智慧与修行而闻名丛林的衲子，难道不近似于英杰之士吗？只要能勤奋参究，去除虚妄，留取真实，各得其用，那么，不论大小寺院，多少僧徒，都会听从你的教化。从前风穴延沼禅师隐居于白丁，药山禅师隐居于牛栏山，法常禅师隐居于大梅山，慈明禅师寓迹于荆楚之间。四老当他们没遇到时运的时候，如果以势位、相貌要求他们，那一定会被人所侮慢遗弃。而一旦据有大师的席位，登上宝华玉座，那么万众将会围绕在身旁，在衰乱的时代就可以发扬辉耀佛祖的光明。对比，丛林谁不闻名向往，谁不望风而倒？况且，前辈都负载环伟奇大之材、英杰之气，尚能于平凡庸碌未遇之际，含耻忍垢，随波混世，何况在他们之下的人呢？呜呼！古犹同今，此犹同彼。如一定等待药山、风穴这样的人物出现，才去师从他们，那是千年一遇的事情。如一定等待法常、慈明这样的人物出现，才去结交他们，那是百世一出的事情。一般说来，事物是从隐微而到显著，功绩是积小而成大，没有见过不通过学习而就能成功的，不通过修行而事先就能通达的。如了悟了这个道理，那么，就可以求到师，择到友，道可以通过学习而得到，德可以通过修行而获取，如此，天下的事有什么不可以实施的呢？古语说：'知人确实是件难事，即使圣人也有所忧患，何况其他人呢？'"

（《与竹庵书》）

原典

心闻曰："教外别传①之道，至简至要，初无他说，前辈行之不疑，守之不易。天禧②间雪窦以辩博之才，美意变弄，求新琢巧。继汾阳为颂古③，笼络当世学者，宗风由此一变矣。逮宣政④间，圆悟又出己意，离之为《碧岩集》。彼时迈古淳全之士，如宁道⑤者、死心、灵源、佛鉴诸老，皆莫能回其说，于是新进后生珍重其语，朝诵暮习，谓之至学，莫有悟其非者。痛哉！学者之心术坏矣。绍兴⑥初，佛日⑦入闽，见学者牵之不返，日驰月骛，浸渍成弊，即碎其板，辟其说，以至祛迷援溺，剔繁拨剧，摧邪显正，特然而振之。衲子稍知其非而不复慕，然非佛日高明远见，乘悲愿力救末法之弊，则丛林大有可畏者矣。"

注释

①**教外别传**：佛教有教内教外之二途。佛陀以言句

传授的，谓之教内之法。离言句，直以佛心印于他心，谓之教外之法。禅宗即是奉行的"不立文字，直指人心，见性成佛"的教外真传，也即教外别传。

②天禧：北宋真宗年号（公元一〇一七一一〇二一年）。

③颂古：举古则为韵语，发明其意旨，称为颂古。

④宣政：疑是"宣和"之误。北宋徽宗年号（公元一一一九一一一二五年）。

⑤宁道：潭州开福宁道禅师，嗣五祖演禅师，南岳下十四世。

⑥绍兴：南宋高宗年号（公元一一三一一一一六二年）。

⑦佛日：即大慧宗杲禅师。"佛日"是宋钦宗给宗杲的赐号。

译文

心闻说："不立文字，直指人心，见性成佛的教外别传之道，简要至极，起初没有别的说法，前辈坚信不疑地实行它，坚定不移地守护它。北宋真宗天禧年间，雪窦以辩博之才，对此至简至要之道，美意变弄，一味求取和琢磨新颖奇巧。他继承汾阳的做法，举古则为韵语，试图以此去发明古则的意旨，从而达到笼络当世学者的目的，禅宗风气由此而发生了一个大变化。到了北宋徽宗宣和年间，圆悟又出己意，背离教外别传之道，著成《碧岩集》。那时，年迈且又十分淳厚之士，如宁道、死心、灵源、佛鉴诸长老，都不能转变这种评唱的学说风气，于是新进后生，全都珍惜、尊重圆悟的学说，他们朝诵暮习它，并称其为至高的学问，并没有人了悟这种学说的错误。痛心啊！学者心术都被这一异学弄坏了。南宋高宗绍兴初年，大慧和尚到福建，看到学者被一本《碧岩集》所牵引得不能迷途知返，由于日驰月奔，已浸染成弊。所以，大慧和尚亲往福建碎毁刻板，并驳斥该书不正确的学说，以祛除学者的迷惑，拯援学者的沉溺，剪除烦琐，拨去剧烈，摧毁邪恶，显现正义，由此，使教外别传之道特然而振兴。衲子也稍知此书的谬非而不再羡慕它。然而，不是大慧有高明远见，乘着菩萨所发的誓愿之力量，而去挽救末法的弊端，那么，丛林就会出现更多更大的可畏惧的事来呢！"

（《与张子韶书》）

原典

拙庵佛照①光和尚，初参雪堂于荐福，有相者一见而器之，谓雪堂曰："众中光上座，头颅方正，广颡②丰颐③，七处平满④。他日必为帝王师。"孝宗皇帝淳熙⑤初，召对称旨，留内观堂七宿，待遇优异，度越前来，赐佛照之名，闻于天下。

注释

①佛照：庆元府（今浙江瓯海道）育王山佛照德光禅师（公元一一二一一二〇三年），嗣大慧杲禅师，南岳下十六世。

②颡：额，脑门子。

③颐：腮。

④七处平满：两足下、两手、两肩及顶中七处都平满端正。

⑤淳熙：南宋孝宗年号（公元一一七四一一一八九年）。

译文

拙庵佛照光和尚，起初在荐福寺参学于雪堂，有一位相面人一见佛照光和尚就判定他有大器，并对雪堂说："众僧中佛照光上座，头颅方正，广额丰腮，两足、两手、两肩及顶中七处都平满端正，他日一定成为帝王之师。"孝宗皇帝淳熙初年，孝宗召佛照光进宫应对，而他所答，果然称皇帝的心意。因此，他们被留在内观堂住了七日，待遇优异，其程度超过以前帝王礼师尊法的诚意，并御赐佛照之名，而使其天下闻名。

（《记闻》）

原典

拙庵谓虞尹文①丞相曰："大道洞然，本无愚智。譬如伊、吕②起于耕渔，为帝王师。讵可以智愚阶级而能拟哉？虽然非大丈夫，其孰能与焉？"

注释

①虞尹文：即虞允文，名尹，字彬，孝宗时拜为相。
②伊、吕：即伊尹和吕尚。伊尹佐商汤，吕尚佐周武王，旧时并称为贤相。

译文

拙庵佛照光对虞尹文丞相说："大道虚空无私，人本此道原无愚智的区分。譬如商代的伊尹和周代的吕尚，他们分别发迹于耕、渔之间，但后来都成为帝王的良师。因此怎么可以根据智愚、阶级去估量他们的才干呢？

虽然他们不是大丈夫，但是谁能与他们相比呢？"

（《广录》）

原典

拙庵曰："璇野庵①常言，黄龙南禅师宽厚忠信，恭而慈爱，量度凝远，博学洽闻②。常同云峰悦游湖湘，避雨树下，悦箕踞③相对，南独危坐。悦瞋目视之曰：'佛祖妙道，不是三家村古庙里土地作死模样。'南稽首谢之，危坐愈甚。故黄太史鲁直称之曰：'南公动静不忘恭敬，真丛林王也。'"

注释

①**璇野庵**：野庵祖璇禅师，嗣大沩果禅师，南岳下十八世。

②**洽闻**：多闻博见。

③**箕踞**：坐时两脚伸直岔开，形似簸箕。

译文

拙庵说："璇野庵常说，黄龙南禅师宽厚忠信，恭敬而且慈爱，气量风度凝重而且高远，博学多闻。常同云峰悦禅师游玩湖湘，在树下避雨时，悦禅师屈膝张足而坐，而南禅师独自端坐着。悦禅师睁大眼睛生气地看着他说：'佛祖妙道，不是三家村古庙里土地神作死模样。'南禅师稽首称谢，然后坐得姿态更加端正。所以，黄太史鲁直称赞南禅师道：'黄龙南公动静不忘恭敬，真是丛林之王。'"

（《幻庵集》）

原典

拙庵曰："率身临众要以智遣妄，除情须先觉。背觉合尘则心蒙蔽矣，智愚不分则事紊乱矣。"

译文

拙庵说："率身莅临于大众之中，要以智慧消除妄情，消除妄情必须先要觉悟。背离觉悟而合尘念，那么心就要被蒙蔽了；不分别智愚，事情就要紊乱了。"

（《书监寺书》）

原典

拙庵曰："佛鉴住太平，高庵充维那。高庵齿少气豪，下视诸方，少有可其意者。一日，斋时鸣楗[①]，见行者别器置食于佛鉴前，高庵出堂厉声曰：'五百僧善知识作遮般去就，何以范模后学？'佛鉴如不闻见。逮下堂询之，乃水齑菜②，盖佛鉴素有脾疾不食油，故高庵有愧，诣方丈告退。佛鉴曰：'维那所言甚当，缘惠勤病乃尔。尝闻圣人言，以理通诸碍。所食既不优于众，遂不疑也。维那志气明远，他日当柱石宗门，幸勿以此芥蒂。'逮佛鉴迁智海，高庵过龙门，后为佛眼之嗣。"

注释

①樏：樏槌。
②齑菜：即水荠菜。

译文

拙庵说："佛鉴住在太平的时候，高庵充当维那僧。高庵年少有豪气，下视各方，很少有能令他满意的人和事。有一天，鸣樏槌将受斋时，高庵看到一个行者用别的器具盛着饭菜放在佛鉴面前，高庵走出堂厉声说道：'称作五百僧的善知识，竟然做出这般事来，怎么可以成为后学的模范呢？'佛鉴好像没有看到听到似的。等到下堂的时候，他询问了这件事，原来给他盛的是水荠菜，因为佛鉴素有脾脏病，不宜吃油。高庵对此深觉有愧，到方丈室请求告退。佛鉴说：'维那你所言很得当，只是由于我经常有病的缘故才如此。曾听圣人有言，以理能通畅诸多障碍。所食既然不比大众好，于是就不会有疑虑。维那你志气明远，他日当成为宗门的柱石，希望你不要因此而心存芥蒂不快。'后来佛鉴迁往智海，高庵移居龙门，以后成为佛眼的继承人。"

原典

拙庵曰："大凡与官员论道酬酢①，须是划②去知解，勿令他坐在窠窟里，直要单明向上一着子。妙喜先师尝言：'士大夫相见，有问即对，无问即不可，又须是个中人始得。'此语有补于时，不伤住持之体，切宜思之。"

注释

①酬酢：应酬。

②划：同"铲"，铲除、铲平。

译文

拙庵说："大凡与官员论道应酬，必须铲除他们的心知意解，不要使他们陷坐在窠窟里面，直要简明言绝意断之正真大道一事便可。妙喜先师曾说：'士大夫相见，有问就答，不问就不必作答，如果要论谈，又须知是道法中人，始得与他说个中话。'先师此语确实对今时有所补益，如此，才不至于伤害住持的大体，切实应当思考这件事。"

（《与兴化普庵书》）

原典

拙庵曰："地之美者善养物，主之仁者善养士。今称住持者，多不以众人为心，急己所欲，恶闻善言，好蔽过恶，恣行邪行，徒快一时之意，返被小人就其好恶取之，则住持之道，安得不危乎？"

译文

拙庵说："肥沃的土地能很好地养育植物，仁爱的主人能很好地保养智士。如今称作住持的人，多不以众人之心为心，急于谋求自己所想要的事情，讨厌听到善言，喜欢掩饰一切不正当的言行，只图一时的快意，这样，反而使小人有机会就着你的好恶而行事，由此，住持之道，怎么能不出现危机呢？"

（《与洪老书》）

拙庵谓野庵曰：“丞相紫岩居士言：‘妙喜先师，平生以道德、节义、勇敢为先。可亲不可疏，可近不可迫，可杀不可辱。居处不淫，饮食不溽①，临生死祸患，视之如无。正所谓干将、莫邪②难与争锋，但虞③伤阙耳。’后如紫岩之言。”

注释

①溽：味浓厚。

②干将、莫邪：楚襄王时的铸剑名匠。二人为夫妻。

③虞：忧虑。

译文

拙庵对野庵说：“丞相紫岩居士说：‘妙喜先师，平生以道德、节义、勇敢为先。对于他，只可亲善不可疏远，只可亲近不可威迫，宁可杀戮不可侮辱。居处不纵逸，饮食不纵欲，面临生死祸害，好像什么也没有看到似的。正所谓干将、莫邪难以与他们争斗交锋，只恐有不恻之患而被伤缺而已。’后来的情况正如紫岩所说的那样。”

（《幻庵记闻》）

拙庵曰："野庵住持，通人情之始终，明丛林之大体。尝谓予言：'为一方主者，须择有志行衲子相与毗赞①。犹发之有梳，面之有鉴，则利病好丑不可得而隐矣。如慈明得杨岐，马祖得百丈，以水投水，莫之逆也。'"

注释

①**毗赞**：辅佐、赞助。

译文

拙庵说："野庵住持，通达人情的始终，明丛林的大体。曾对我说：'作为一方之主，必须选择有志向和操行的衲子来辅佐、赞助。这如同理发要有梳子，照面要有镜子，一切利弊好丑就不得隐藏了。例如，慈明得到了杨岐，马祖得到了百丈。他们心心相印，犹如以水投水，不相违逆呢！'"

（《幻庵集》）

拙庵曰：“末学肤受^①，徒贵耳贱目，终莫能究其奥妙。故曰山不厌高，中有重岩积翠；海不厌深，内有四溟^②九渊。欲究大道，要在穷其高深，然后可以照烛幽微，应变不穷矣。”

注释

①**末学肤受**：指学问不求根，浅尝即止，仅及皮毛。
②**四溟**：即东、南、西、北四海。

译文

拙庵说：“肤浅无本，仅及皮毛的学问，只相信耳朵所传闻的，而忽视了用亲眼所见的真实，其终究不能穷究事物的奥妙。所以说山不厌高，山中就有重岩积翠；海不厌深，海内就有四海九渊。要想穷究大道，主要在于穷究它的高深处，然后可以照亮幽微，应用权变不尽了。”

（《与觏老书》）

原典

拙庵谓尤侍郎曰："圣贤之意，含缓而理明，优游而事显。所用之事不期以速成，而许以持久；不许以必进，而许以庶几①。用是推圣贤之意，故能亘万世而持之无过失者乃尔。"

注释

①庶几：也许可以。

译文

拙庵对尤侍郎说："圣贤之学的意旨含藏不露，但道理明了；做事要悠闲自得，而使事情明显。圣贤做事，不期望速成，而是应许以持久；不应该完全只是一昧地前进，也许和缓平顺一些，会更接近正道。用这种方法去推究圣贤之意，所以能如同圣贤一样不会做出过失的事来，并能延续万世不断。"

（《幻庵集》）

原典

侍郎尤公曰："祖师以前无住持事，其后应世行道，迫不得已。然居则蓬荜①，取蔽风雨，食则粗粝，取充饥馁。辛苦憔悴有不堪其忧，而王公大人至有愿见而不可得者。故其所建立，皆磊磊落落，惊天动地。后世不然，高堂广厦，美衣丰食，颐指②如意，于是波旬③之徒始洋洋然动其心，趑趄④权门摇尾乞怜，甚者巧取豪夺，如正昼攫金，不复知世间有因果事。妙喜此书岂特为博山设？其拈尽诸方自来习气不遗毫发，如饮沧公上池之水⑤，洞见肝腑，若能信受奉行，安用别求佛法？"

注释

①蓬荜："蓬门荜户"的省略。用草、树枝等做成的门户，贫者所居。

②颐指：以下巴的动向示意、指挥人。常以形容指挥别人时的傲慢态度。

③波旬：梵文 Pāpiyas 的音译，释迦牟尼出世时的魔王名，为欲界第六天之主，其义为恶者、杀者。常以憎恨佛法，断人慧命为事。

④趑趄：徘徊不前貌。

⑤沧公上池之水：古史说该水是神仙赐给扁鹊沧公的神水。

侍郎尤公说："祖师以前没有住持一事，其后为了应化世间行道，迫不得已设立住持一职。然而，以前的住持只选择能避风雨的蓬门荜户作为居所，也只选择能充饥饿的粗粮作为饮食。他们辛苦憔悴，有不堪言说的忧愁，而有很多王公大人想见他们还见不到呢。所以，由他们所建立的事业，都光明磊落，惊天动地。后世的情况就不是这样了，住讲求高堂广厦，穿讲求美衣，吃讲求美食，指挥别人都是颐指气使，态度十分傲慢。于是那些恶魔波旬的眷属，贪求无厌，开始洋洋得意，使他们的心骚乱起来，趑趄徘徊于权门之间，并对权贵们摇尾以乞求怜爱。更有甚者，他们巧取豪夺，如同大白天掠夺金子，他们已不再知道世间有因果报应的事。妙喜此书难道只为博山设想？其实它拈尽各方长老自来所怀的习气，没有遗漏毫发。读此书如饮沧公上池之水，洞见肝腑，如果能信守、奉行书中所说的，哪用另外再去寻求佛法呢？"

（见《灵隐石刻》）

侍郎尤公谓拙庵曰："昔妙喜中兴临济之道于凋零之

秋，而性尚谦虚，未尝驰骋见理。平生不趋权势，不苟利养。尝曰：'万事不可佚豫^①为，不可奢恣持。盖有利于时而便于物者，有其过而无其功者，若纵之奢佚，则不济矣。'不肖^②佩服斯言，遂为终身之戒。老师昨者遭遇主上留宿观堂，实为佛法之幸。切冀不倦悲愿，使进善之途开明，任众之道益大，庶几后生晚辈，不谋近习，各怀远图，岂不为丛林之利济乎？"

注释

①**佚豫**：安乐，舒服。
②**不肖**：自谦之词。

译文

侍郎尤公对拙庵说："从前妙喜使临济之道在凋零之秋得到中兴，即使如此，他性情尚且谦虚，不曾总觉得自己有理而驰骋不羁。平生不趋逐权势，不苟且谋利以养身。他曾说：'实行和持有万事，不可追求安乐，不可挥霍无度。世事大概有既能有利于时，又能便利于物的，也有只增益过错，而不能成功的。如奢侈放纵自己，不问事情的是非去做，那么，万事就不会成功。'我佩服这样的话，于是以之作为终身的戒条。老师昨日幸遇圣上殊恩，留宿观堂，实在是佛法的幸事。切切希望不疲倦地大发慈悲的誓愿，使进善的道路更加开明，弘法利众的道路更加宽广。如此，后生晚辈也许可以不染上谋求急功近利的习俗，而各怀远大的宏图，这难道不有益于丛林吗？"

（《然侍者记闻》）

原典

密庵杰①和尚曰："丛林兴衰在于礼法，学者美恶在乎俗习。使古之人巢居穴处，涧饮木食行之于今时，则不可也；使今之人丰衣文采，饭粱啗肥行之于古时，亦不可也。安有他哉？习不习故。夫人朝夕见者为常，必谓天下事正宜如此，一旦驱之就彼去此，非独生疑而不信，将恐亦不从矣。用是观之，人情安于所习，骇其未见，是其常情，又何足怪？"

注释

①**密庵杰**：庆元府（今浙江瓯海道）天童密庵咸杰禅师，嗣应庵华禅师，南岳下十七世。

密庵杰和尚说："丛林兴衰在于礼法，学者美恶在于习俗。让今时的人实行古代人那种巢居穴处，涧饮木食的生活方式，那是不可以的；让古时的人实行现代人那种丰衣文采，吃粮啃肉的生活方式，也是不可以的。这哪里有其他缘故呢？只是习惯不习惯的缘故。人们把朝夕见到的事物视为正常，因而一定认为天下的事正应当如此，一旦驱使他们去除丰衣文采而返古过那草衣木食的生活，不单要产生疑惑且不相信，而且恐怕也不会依从。由此看来，人情安稳于他们所既已习惯的事情，而惊骇他们没有见到的事情，既然这是人之常情，又有什么值得奇怪的呢？"

（《与施司谏书》）

原典

密庵谓悟首座曰："丛林中，惟浙人轻懦少立，子之才器宏大，量度渊容，志尚端确，加以见地稳密，他日未易言。但自韬晦①，无露圭角，毁方瓦合②，持以中道，勿为势利少枉，即是不出尘劳③，而作佛事也。"

①**韬晦**：隐匿声迹，不自炫露。

②**毁方瓦合**：《礼记·儒行》陈澔集说："陶瓦之事，其初则圆，剖而为四，其形则方。毁其圆以为方，合其方而复圆。盖于涵容之中，未尝无分辨之意也。"谓在一些次要问题上应当不自立异，以与众人相合。

③**尘劳**：谓世俗事务的烦恼。

译文

密庵对悟首座说："在丛林中，只有浙人轻率、懦弱，很少能卓立起来。你虽浙人，但你的才器宏大，气度深容，志尚端正确定，而且见地稳重缜密，他日不轻易说话。但自隐匿声迹，不自炫露锋芒，涵容方圆，保持中道，不要因为追逐势利而使自己稍有歪斜。做到了这样，即是不离尘世烦恼，依然能做佛事了。"

（《与笑庵书》）

原典

密庵曰："应庵先师尝言：'贤不肖相返，不得不择。贤者持道德仁义以立身，不肖者专势利诈佞以用事。贤者得志，必行其所学。不肖者处位，多擅私心，妒贤嫉能，嗜欲苟财，靡所不至。是故得贤则丛林兴，用不肖则废。有一于斯，必不能安静。'"

译文

密庵说："应庵先师曾说：'贤与不贤是相互背道的，因此，不得不加以选择。贤者遵守道德仁义以做人，不贤者专营势利诈佞以行事。贤者得志，一定会推行他们所学的德行和知识。不贤者得势，多擅长任用私心，妒贤嫉能，爱好物欲，以不正当的手段获取财物。总之，他们无所不用其极。因此，得到贤者，丛林就会兴盛。任用不贤者，丛林就会废弛。丛林中哪怕有一个不贤者，必定不能安静。'"

（见《岳和尚书》）

原典

密庵曰："住持有三莫：事繁莫惧，无事莫寻，是非莫辨。住持人达此三事，则不被外物所惑矣。"

译文

密庵说："住持有三不：一、丛林中，百事繁重，切莫生起惧怕事繁的心情。二、平时以无事为兴盛，切莫多找闲事来管。三、凡种种是非顺逆随遇而安，切莫强加辩解，愈生事端。住持人做到了这三不，那么，就不会被外物所迷惑了。"

（《慧侍者记闻》）

原典

密庵曰："衲子履行倾邪，素有不善之迹者，丛林互知，此不足疾。惟众人谓之贤，而内实不肖者，诚①可疾也。"

注释

①诚：疑是"诚"字的误写。

译文

密庵说："衲子履践行持不甚端正，平素有不善的迹象，丛林中人也互相了解，这倒不足憎恨。唯有那种众人都认为他是贤者，而本质上却是不贤者，才诚实可恨。"

（《与普慈书》）

密庵谓水庵曰："人有毁辱，当顺受之，讵可轻听声言，忘陈管见？大率便佞有类，邪巧多方，怀险诐①者，好逞私心，起猜忌者，偏废公议。盖此辈趋尚狭促②，所见暗短。固以自异为不群，以沮议为出众。然既知我所用终是，而毁谤固自在彼，久而自明，不须别白，亦不必主我之是而讦③触于人，则庶可以为林下人也。"

注释

①**险诐**：邪谄不正。

②**狭促**：玩劣。

③**讦**：发人阴私。

译文

密庵对水庵说："人遭到毁谤耻辱，应当随顺忍受，怎可轻听声言，妄加陈述管见？大概说来，花言巧语，阿谀逢迎有多种不同的种类，邪谄巧语也有多方面的表现，那些心怀邪谄不正之念的人，喜欢放任私心。心起猜忌的人，容易偏废公众的决议。因为这些人旨趣玩劣，所见昏暗短浅，把固执己见，远异他人视为超群，把阻止众议视为出众。然而，既然知道我所用的措施终究是正确的，而他们毁谤恰是他自毁自谤，久而久之，就会自明，不须我特别表明，也不必注重渲染自己的长处，而揭发属于别人阴私的事情，那么，也许可以成为林下有道之人。"

（《与水庵书》）

原典

自得辉[①]和尚曰："大凡衲子诚而向正，虽愚亦可用；佞而怀邪，虽智终为害。大率林下人操心不正，虽有才能而终不可立矣。"

注释

①**自得辉**：杭州净慈自得慧辉禅师，嗣天童正觉禅师，青原下十六世。

译文

自得辉和尚说："大凡诚实而志向端正的衲子，即使愚笨，也可任用；而大凡奸佞而心怀邪诡的衲子，即使聪明，终究是害。大致说来，如禅林下人操心不正，即使有才能，也终究不可能有所成就。"

（见《简堂书》）

原典

自得曰："大智禅师特创清规，扶救末法比丘不正之弊，由是前贤遵承，拳拳奉行，有教化，有条理，有始终。绍兴之末，丛林尚有老成者，能守典刑，不敢斯须^①而去左右。近年以求失其宗绪，纲不纲，纪不纪，虽有纲纪，安得而正诸？故曰举一纲则众目张^②，弛一机则万事堕，殆乎纲纪不振，丛林不兴。惟古人体本以正末，但忧法度之不严，不忧学者之失所，其所正在于公。今诸方主者，以私混公，以末正本，上者苟利不以道，下者贼利不以义。上下谬乱，宾主混淆，安得衲子向正而丛林之兴乎？"

注释

①斯须：犹言须臾，一会儿。

②举一纲则众目张：即"纲举目张"，言大纲既举，则细目自明。

　　自得说："大智禅师特创清规，以扶救佛祖教法微末时期的比丘所做出的种种不正的弊端。由此，以前的贤者们遵依承戴并且忠诚地去奉行清规，那时丛林有教化，有条理，有始终。南宋高宗绍兴末年，丛林尚有老成持重的比丘能遵守旧法常规，不敢有一会儿的背弃。近年以来，丛林已失掉它的纲宗纪绪，法度、法纪已失去它们的功用。因此，即使有纲纪，又怎能端正丛林的风气呢？所以说，提起总纲，全部细目就自明，而松弛枢要，那么万事就堕落，由此可知，纲纪不振，丛林就不会兴盛，这是十分危险的事啊！只有古人能体验事物的根本而去端正事物的枝末。他们只忧虑法度的不严明，而不忧虑学者不得其所守。他们所以能端正，在于公平正真而已。而现今的各方主法者，以私心混淆公心，以枝末端正根本，在上的人苟且求利而不循道，在下的人窃利而不循义，上下谬乱，宾主混淆，怎能使衲子志向端正，丛林兴盛呢？"

　　　　　　　　　　　　　　　　（《与尤侍郎书》）

原典

　　自得曰："良玉未剖，瓦石无异；名骥未驰，驽骀①

相杂。逮其剖而莹②之，驰而试之，则玉石驽骥分矣。夫衲子之贤德而未用也，混于稠人中，竟何辨别？要在高明之士，以公论举之，任以职事，验以才能，责以成务，则与庸流迥然不同矣。"

注释

①驽骀：跑不快的劣马。

②莹：磨琢玉石，使其发光。

译文

自得说："良玉还没有剖开，与瓦石没有差异；好马没有疾驱，与劣马没有分别。等到将良玉剖开而加以磨琢，让好马疾驱而加以验证，那么，美玉与瓦石，好马与劣马就可区分开来了。衲子的贤德没有被任用而混同于稠人广众之中，又怎么能辨别他们的优劣呢？问题的关键在于要有高明之士，根据公论去推举他们，委任他们职位，检验他们的才能，要求他们负责做某件事，这样他们就会与庸俗之辈迥然不同了。"

（《与或庵书》）

或庵体①和尚，初参此庵元布袋于天台护国，因上堂举庞马选佛颂，至"此是选佛场"之句。此庵喝之，或庵大悟，有投机颂曰："商量极处见题目，途路穷边入试场。拈起毫端风雨快，遮回不作探花郎。"自此匿迹天台。丞相钱公②（象先）慕其为人，乃以天封招提勉令应世。或庵闻之曰："我不解悬羊头卖狗肉也。"即宵遁去。乾道③初，瞎堂④住国清，因见或庵赞圆通像曰："不依本分，恼乱众生。瞻之仰之，有眼如盲。长安风月贯今昔，那个男儿摸壁行？"瞎堂惊喜曰："不谓此庵有此儿。"即遍索之，遂得于江心，固于稠人中，请克第一座。

注释

①**或庵体**：镇国府焦山或庵师体禅师，嗣此庵景元禅师，南岳下十六世。

②**钱公**：即钱相祖，字象先，问道于或庵禅师。

③**乾道**：南宋孝宗年号（公元一一六五—一一七三年）。

④**瞎堂**：临安府（今浙江杭州）灵隐寺瞎堂慧远禅师，嗣圆悟勤禅师，南岳下十五世。

或庵体和尚，起初在天台护国寺参请此庵元布袋禅师的时候，因上堂举庞居士问马祖如何选佛悟道之例，并引庞居士偈颂一首，至"此是选佛场"之句。为此，此庵厉声一喝，或庵听后豁然大悟，于是作一首颇合佛祖心机的偈颂，此颂说道："商量极处见题目，途路穷边入试场。拈起毫端风雨快，这回不做探花郎。"自此之后，匿迹天台而不出。丞相钱象先仰慕或庵的为人，乃以天封寺请师住持，勉令他应化世事而行道。或庵听到以后说："我不做挂羊头卖狗肉的事。"于是乘夜逃遁隐身而去。南宋孝宗乾道初年，瞎堂住在国清寺，因看到或庵为圆通画像所写的"不依本分，恼乱众生。瞻之仰之，有眼如盲。长安风月贯今昔，哪个男儿摸壁行？"的题词，瞎堂惊喜地说道："没说此庵有这样的徒儿。"于是到处寻索或庵，终于在江心焦山寺找到他，在稠人广众中坚持请或庵担当第一座。

（《天台野录》）

原典

或庵乾道初，翻然访瞎堂于虎丘。姑苏①道俗闻其高风，即诣郡举请住城中觉报。或庵闻之曰："此庵先师嘱我，他日逢老寿止，今若合符契矣。"遂忻然应命。盖觉报旧名老寿庵也。

注释

①姑苏：苏州市的别称。因西南有姑苏山得名。

译文

或庵于南宋孝宗乾道初年，翩然来到虎丘参访瞎堂。姑苏道俗二界人士对或庵的高尚品德早有所闻，于是前往郡府举请住城中的觉报寺。或庵听说这件事后说："此庵先师曾嘱咐我，他日遇到老寿就止，现今好像与先师的谶嘱合符、契合了。"于是欣然应命前往，觉报寺旧名老寿庵。

（《虎丘记闻》）

原典

或庵入院后，施主请小参，曰："道常然而不渝，事有弊而必变。昔江西、南岳诸祖，若稽古为训，考其当否，持以中道，务合人心，以悟为则，所以素风凌然，逮今未泯。若约衲僧门下，言前荐得屈我宗风。句下分明，沉埋佛祖。虽然如是，行到水穷处，坐看云起时。"

由是缁素^①喜所未闻，归者如市。

注释

①缁素：僧俗。

译文

　　或庵入觉报寺后，施主请求他给他们不定时地说说法，或庵说："道是恒常而不改变的，但事物出现了弊端就一定要变革。从前江西、南岳各位祖师，如果稽考古道，就训考古道是否精当。他们把握中道，以务求合符人心，以觉悟为原则，所以，他们纯朴洁白的风尚是那样的高远，传至今日还没有泯灭。如果邀结在衲子门下，仅靠言说就被举荐得入佛门，这样就屈曲我宗门风气。如果只是做到句下分明，就会埋没佛祖大道。即使佛教航船行驶到水穷处，当需坐看云起时。"由此，一番说法，僧俗听众欣喜地听到了他们从未听说过的道理，于是归敬的人如同集市上的人来往不绝。

（《语录》所载与此有异）

原典

　　或庵既领住持，士庶翕^①然来归。衲子传至虎丘，瞎堂曰："遮个山蛮杜拗②子，放拍盲③禅治尔那一队野狐精。"或庵闻之，以偈答曰："山蛮杜拗得能憎，领众匡徒似不曾，越格倒拈苕箒柄，拍盲禅治野狐僧。"瞎堂笑而已。

注释

①翕：合，聚。
②杜拗：不依轨辙，不顺人情。
③拍盲：拍拊人肩而行，比喻不洒脱。

译文

或庵既领受住持之职，士人与庶民聚集着来归向他。有的衲子把这一情况传告虎丘瞎堂。瞎堂说："这个不依轨辙、不顺人情的山蛮杜拗子，尽聚集些不能洒脱自行的人，那么只好匡救这伙野狐精。"或庵听到了瞎堂这番话，以偈颂答道："山蛮杜拗得能憎，领众匡徒似不曾。越格倒拈苕箒柄，拍盲禅治野狐僧。"瞎堂看了此偈，只是笑笑而已。

（《记闻》）

或庵谓侍郎曾公逮曰："学道之要，如衡石^①之定物，持其平而已。偏重可乎？推前近后，其偏一也。明此，可学道矣。"

①**衡石**：古代对衡器的通称。衡，秤；石，古代重量单位，一百二十斤为一石。

或庵对侍郎曾逮说："学道的根要，如同衡器能确定东西的重量，衡量东西要不高不低，做到持平而已。偏重可以吗？推前近后，其实都会出现偏差。明白了这样的道理，就可以学道了。"

（见《曾公书》）

或庵曰："道德乃丛林之本，衲子乃道德之本。住持人弃厌衲子，是忘道德也。道德既忘，将何以修教化，整丛林，诱来学？古人体本以正末，忧道德之不行，不忧丛林之失所。故曰丛林保于衲子，衲子保于道德。住持无道德，则丛林废矣。"

译文

或庵说："道德是丛林的根本，衲子是道德的根本。住持人弃厌衲子，这是忘却道德。道德既然被忘却，将如何修养教化，整治丛林，诱引来学呢? 古人体察根本以端正枝末，忧虑道德不能实行，不忧虑失去丛林之所。所以说，丛林在于保住衲子，衲子在于保住道德。住持没有道德，那么丛林就要衰废了。"

（见《简堂书》）

原典

或庵曰："夫为善知识，要在知贤，不在自贤。故伤贤者愚，蔽贤者暗，嫉贤者短。得一身之荣，不如得一世之名；得一世之名，不如得一贤衲子，使后学有师，丛林有主也。"

译文

或庵说："作为善知识，根要在于知道别人贤能，而不在于自己认为自己贤能。所以，伤害贤者是愚蠢的，蒙蔽贤者是黑暗的，嫉妒贤者是短浅的。获得一身的荣显，不如获得一世的美名；获得一世的美名，不如获得一个贤能的衲子，从而使后学有师，丛林有主。"

（《与圆极书》）

原典

或庵迁焦山之三载，寔①淳熙六年八月四日也，先示微恙，即手书并砚一只，别郡守侍郎曾公逮，至中夜化去。公以偈悼之曰："翩翩只履逐西风，一物浑无布袋中。留下陶泓②将底③用？老夫无笔判虚空。"

注释

①寔：此。
②陶泓：为砚之别名。
③底：何，什么。

译文

或庵迁往焦山的第三年的一天，即南宋孝宗淳熙六年的八月四日，迁化前，他先是偶染小病，就写了一份手书连同砚台一只，作为别物送给郡守侍郎曾公逮，到了这天的半夜就迁化而去了。曾公以偈颂悼念他道："师如达磨初祖示寂携只履西去，其来去自如，布袋之中竟无一物。临终以砚台相送，我却无能为用。师道大如虚空，而我却无此一笔能判别广大的虚空。"

(《行状》)

原典

瞎堂远和尚谓或庵曰："人之才器自有大小，诚不可教。故楮小者不可怀大，绠短者不可汲深①。鸱鸺夜撮蚤，察秋毫，昼出瞋目之不见丘山②，盖分定也。昔静南堂传东山之道，颖悟幽奥，深切着明。逮应世住持，所至不振。圆悟先师归蜀，同范和尚访之大随。见静率略，凡百弛废。先师终不问。回至中路，范曰：'静与公为同参道友，无一言启迪之，何也？'先师曰：'应世临众，要在法令为先，法令之行在其智能。能与不能以其素分，岂可教也？'范颔③之。"

注释

①**楮小者不可怀大，绠短者不可汲深**：此语出自《庄子·至乐》。是说布袋小的，不可以藏大的东西，绳索短的不可打深井的水。比喻浅学不足以悟深理。楮，为"褚"，布袋。绠，汲水用的绳子。

②鸱鸺夜撮蚤，察秋毫，昼出瞋目之不见丘山：此语出自《庄子·秋水》。是说猫头鹰在夜里能捉跳蚤，明察秋毫，但是大白天瞪着眼睛看不见丘山。鸱鸺，猫头鹰。瞋目，瞪大眼。

③颔：点头。

译文

瞎堂远和尚对或庵说："人的才器，自有大小，确实不可勉强教化。所以说，布袋小的，不可以藏大的东西，绳索短的不可以打深井的水。猫头鹰在夜里能捉跳蚤，明察秋毫，但是大白天瞪着眼睛看不见丘山，这是因为自然性分决定的。从前彭州大随南堂元静禅师传东山之道，可谓聪慧过人，能深切洞察东山之道的幽深奥妙之旨。等到他出世做了住持，所做的一切都没能使东山之道振兴。圆悟先师归往巴蜀，同觉范和尚去大随拜访了南堂元静。他们看到他直率而不拘小节，百事弛废。对此，先师终究没问什么。回去的半路上，觉范和尚说：'南堂元静与先师你为一同参学的道友，你没给他一言的启迪，这是为什么呢？'先师说：'大凡应世行道，临众领徒，根要在于先行法令；而法令的实行，在一个人的智能。而能与不能，是由一个人的平素的性分决定的，难道是可以教化而得的吗？'觉范听后点头称是。"

（《虎丘记闻》）

原典

瞎堂曰："学道之士要先正其心，然后可以正己正物。其心既正，则万物定矣，未闻心治而身乱者。佛祖之教由内及外，自近至远。声色惑于外，四肢之疾也；妄情发于内，心腹之疾也。未见心正而不能治物，身正而不能化人。盖一心为根本，万物为枝叶。根本壮实，枝叶荣茂；根本枯悴，枝叶夭折。善学道者，先治内以敌外，不贪外以害内，故导物要在清心，正人固先正己。心正己立，而万物不从化者，未之有也。"

译文

瞎堂说："学道之士，要首先端正自己的心思，然后可以端正自己，从而可以端正万物。自己的心思既然端正了，那么，万物就安定了，没有听说有心思得到了治理而品性邪乱的人。佛祖的教义由内及外，从近到远。受到外在声色的惑乱，是四肢的疾病；从内心发生的妄情，是心腹的疾病。没有见过心思端正而不能治理万物，品性端正而不能化度众生的。一心为根本，万物为枝叶。

根本壮实，枝叶就荣茂；根本枯悴，枝叶就夭折。善于学道的人，首先治理内心以敌外物，不要因为贪求外物而伤害内心，所以，引导万物，主要在于清净内心。端正别人，一定要首先端正自己。心思端正，自己立定，而万物不随从化育，是没有这样道理的。"

(《与颜侍郎书》)

原典

简堂机和尚，住番阳管山仅二十载，羹藜饭黍①若绝意于荣达。尝下山闻路旁哀泣声，简堂恻然。逮询之，一家寒疾，仅亡两口，贫无敛具②，特就市贷棺葬之，乡人感叹不已。侍郎李公（椿年）谓士大夫曰："吾乡机老③有道衲子也，加以慈惠及物，管山安能久处乎？"会枢密汪（明远）宣抚诸路达于九江，郡守林公（叔达）、虚圆通法席迎之。简堂闻命乃曰："吾道之行矣。"即忻然曳杖而来，登座说法，曰："圆通不开生药铺，单单只卖死猫头，不知那个无思算，吃着通身冷汗流？"缁素惊异，法席因兹大振。

注释

①**羹藜饭黍**：用嫩藜煮成的羹，用黍子煮成的饭，

指粗劣的食物。藜，草名，又名莱。黍，谷物名，去皮
后北方称黄米子。

②敛具：指棺材。

③机老：即简堂。

译文

　　简堂机和尚在番阳管山住了将近二十年，吃的是用
嫩藜煮成的羹，用黍子煮成的饭，好像断绝了一切荣达
的观念。曾下山听到路旁有哀泣的声音，简堂同情地走
到那人的跟前询问为什么哀泣？原来那个人一家由于得
了寒病，竟死了两人，由于贫穷无钱买棺材，简堂特此
到市集上贷了两口棺材，帮助那人殓葬死者。对此，乡
人感叹不止。侍郎李公椿年对士大夫说："我乡的简堂机
老是有道的衲子，加上他对凡物都很慈惠，管山小院怎
能为师的久居之处呢？"会枢密汪明远到诸路府安抚百
姓，到达九江，致书郡守林公叔达，虚庐山圆通法席迎
接他。简堂听命后说道："我道流行了。"随即欣然拖杖而
来，登座说法，他说道："圆通不开生药铺，单单只卖死
猫头。不知哪个无思算，吃着通身冷汗流？"僧俗听后
都十分惊异，法席也因此大振。

（《懒庵集》）

简堂曰："古者修身治心，则与人共其道；兴事立业，则与人共其功；道成功著，则与人共其名。所以道无不明，功无不成，名无不荣。今人则不然，专己之道，惟恐人之胜于己，又不能从善务义，以自广也；专己之功，不欲他人有之，又不能任贤与能，以自大也。是故道不免于蔽，功不免于损，名不免于辱，此三者乃古今学者之大分①也。"

注释

①**大分**：大的区分，差别。

译文

简堂说："古代人自己修养品性，治理心思，那么也让别人共谋其道；自己兴盛万事，建立功业，那么也让别人共享其功；自己道成功著，那么也让别人共有其名。这就是古人道无不明、功无不成、名无不荣的原因所在。今人则不是这样，他们专为自己谋道，唯恐别人胜过自己，又不能听从于善，致力于义，以自己为广。他们专为自己捞功，不想他人有功，又不能任用贤能的人，以自己为大。所以，道不免被私心所蒙蔽，功不免被私心所损害，名不免被私心所辱没，对这三点的修养古今学者有很大的分歧。"

原典

简堂曰："学道犹如种树，方荣而伐之，可以给樵薪；将盛而伐之，可以作檽桷①；稍壮而伐之，可以充楹枋②；老大而伐之，可以为梁栋。得非取功远而其利大乎？所以古之人惟其道固大而不狭，其志远奥而不近，其言崇高而不卑，虽适时龃龉，穷于饥寒，殆亡丘壑，以其遗风余烈。亘百千年后人犹以为法而传之。乡使③狭道苟容，迩志求合，卑言事势，其利止荣于一身，安有余泽溥及于后世哉？"

注释

①檽桷：橡子。
②楹枋：厅堂的前柱。
③乡使：向使，假使。

译文

简堂说："学道犹如种树，树苗刚荣长而把它砍伐了，可以给樵夫当柴火；等树长得茂盛些而把它砍伐了，可以做房屋上的椽子；等树长得稍壮时而把它砍伐了，可以充当厅堂前的前柱；等树长到老而大时把它砍伐了，可以用作房屋的大梁。这难道不说明谋取事物的长远功用，它的利就会更大吗？所以，古人追求他们的道德广大而不狭窄，志向远奥而不近浅，言论崇高而不卑下。唯其如此，即使遭时势的龃龉，由于饥寒而穷困潦倒，几乎亡于丘壑，但终因他们崇高久远而使其遗风余烈，延续百千年而不断，后人还以他们的德行为效法的对象，并去传扬它。假使只谋求狭隘之道，并苟且容身于世，抱有浅近志向，去迎合眼前，用卑下之言去服侍势力的人，那么，你只能一人获得利益和荣显，哪有多余的德泽普及后世呢？"

（《与李侍郎二书》）

原典

简堂淳熙五年四月，自天台景星岩再赴隐静，给事吴公（芾）佚老①于休休堂，和渊明诗十三篇送行。

其一曰：

> 我自归林下，已与世相疏，
>
> 赖有善知识，时能过吾庐，

伴我说道话，爱我读佛书。
既为岩上去，我亦为膏车②。
便欲展我钵，随师同饭蔬，
脱此尘俗累，长与岩石居。
此岩固高矣，卓出山海图，
若比吾师高，此岩还不如。

二：

我生山窟里，四面是孱颜③，
有岩号景星，欲到知几年？
今始信奇绝，一览小众山，
更得师为主，二妙④未易言。

三：

我家湖山上，触目是林丘，
若比兹山秀，培塿⑤固难俦⑥。
云山千里见，石泉四时流，
我今才一到，已胜五湖游。

四：

我年七十五，木末挂残阳，
纵使身未逝，亦能岂久长？
尚冀林间住，与师共末光。

孤云俄暂⑦出，远近骇苍黄⑧。

五：

爱山端有素⑨，拘俗亦可怜，
昨守当涂郡，不识隐静山。
美师来又去，愧我复何言？
尚期无久住，归送我残年。

六：

师心如死灰，形亦如槁木⑩，
胡⑪为衲子归？似响答空谷。
顾我尘垢⑫身，正待醍醐浴⑬。
更愿张佛灯，为我代明烛。

七：

扶疏⑭岩上树，入夏总成阴，
几年荆棘地，一旦成丛林。
我方与衲子，共听海潮音，
人生多聚散，离别忽惊心。

八：

我与师来往，岁月虽未长，

相看成二老，风流亦异常。

师宴坐岩上，我方为聚粮，

倘师能早归，此乐犹未央⑮。

九：

纷纷学禅者，腰包竞奔走，

才能说葛藤⑯，痴意便自负。

求其道德尊，如师盖稀有，

愿传上乘人，永光临济后。

十：

吾邑多缁徒⑰，浩浩若云海，

大机⑱久已亡，赖有小机⑲在。

仍更与一岑，纯全两无悔，

堂堂二老禅，海内共期待。

十一：

古无住持事，但只传法旨。

有能悟色空，便可超生死。

庸僧昧本来，岂识西归履？

买帖坐禅床，佛法将何恃？

十二：

　　　　僧中有高僧，士亦有高士，
　　　　我虽不为高，心粗能知止。
　　　　师是个中人，特患不为尔，
　　　　何幸我与师，俱是邻家子。

十三：

　　　　师本穷和尚，我亦穷秀才，
　　　　忍穷俱已彻，老肯不归来。
　　　　今师虽暂别，泉石莫相猜，
　　　　应缘聊复尔，师岂有心哉？

注释

①**佚老**：同"逸老"。安闲晚年。

②**膏车**：涂油膏的车子。

③**孱颜**：高峻貌。

④**二妙**：福智两者都庄严。

⑤**培塿**：小土丘。

⑥**难俦**：难以等类。"俦"，同类、等类。

⑦**俄暂**：时间很短，突然间。

⑧**苍黄**：急遽貌。

⑨**端有素**：正在于质朴。

⑩**心如死灰，形亦如槁木**：心境淡漠，毫无情感。死灰，已冷却的灰烬。槁木，枯木。

⑪**胡**：疑问词，为什么。

⑫**尘垢**：尘土和污垢，形容尘世的污染。

⑬**醍醐浴**：这指以醍醐灌人之顶，喻输入人以智慧，使人头脑清醒。

⑭**扶疏**：繁茂分披貌。

⑮**央**：尽。

⑯**葛藤**：葛和藤均缠树蔓生。比喻事物的纠缠不清。

⑰**缁徒**：僧徒。

⑱**大机**：即杭州天宁寺重机明真禅师，嗣玄沙师备禅师。

⑲**小机**：即简堂行机禅师。

译文

简堂南宋孝宗淳熙五年四月，自天台景星岩再赴隐静寺之请，给事吴公帝在休休堂安闲晚年，他和陶渊明诗十三篇作为给简堂送行的礼物。

其一：

我自从辞官以来，退隐禅林之下，已经和这世间疏离了。幸亏我师是一真善知识，时时能到来我的草庐，说些佛法妙道给我听。对我能读佛经尤其爱颂有加。我师返归岩上，我也就备车加油，与师同行。既到岩上，我师展钵供食于我，庆幸能与师同进食。似乎脱除了一切尘寰的牵累，心想最好能和我师长久同住此岩中。

固然这一山岩极其高峻，耸出于山海图画的表层，《山海经》中有图，写尽天下名山的胜境，可是山岩虽然高妙，如果和我师道德的崇高相比，则这山岩又似乎不算什么！

其二：

我在山窟之中度此余生，但见四面全是高山围绕。在这雄壮的景色之中，特别有一山岩名叫景星岩，以前我想来该山也想了好多年，而未实现此梦想。今天却能来到，亲眼见了，才相信这绝妙、奇丽、壮观的景色。试观众山矗然耸立，万水溶溶潺流，但都不能与这景星岩相比，故称小众山。

其实此山岩虽奇妙，但也是因有我师身为此岩的主人，故此是红花有绿叶相衬，可说是二妙，妙到不易说出其究竟益胜之处了。

其三：

我家筑居在湖山上，放眼望去，一片绿水青山，幽林丘阜，实在是"居得其所"。但如果和此山岩的高绝秀丽比较，我居住的地方又同培塿小阜无异，怎能够与之相比呢！

试看此岩的气势，云山可见于千里之外，天然的溪泉，昼夜常流。我现在才到不久，就感受到潇洒情趣，实胜于往昔的五湖之游啊！

其四：

算起来我现在已是七十五岁高龄的人了。就好比是树梢上挂着的一抹残阳，即使是此身目前还算健朗，没有死去，但剩余的日子究竟又有多长了呢？我心中还希望住于此山林之中，和我师同度残年末日的时光啊！

我师忽然间要短暂地离开我们，远近听到这消息的人，都感到有一种怆慌而不知所措的感觉。

其五：

素来我最喜爱山林，但说起我的拘执于情也是很可怜的。比如以前为当涂郡守的时候，在宦海中浮沉，竟然不知有个隐静山在那儿。这是俗务扰人无心去访谒名山宝刹。

独羡我师，从隐静山来，又回到隐静山去。真正地得到隐静的乐趣。我和我师相比，觉得十分惭愧，又有什么话好说的呢？但期望师勿久住该处，愿师归来送我了此一段残年吧！

其六：

我师的心已是万虑俱忘，心如死灰。心寂静，形也就如同槁木了。然则我师心形俱寂，为何又会被四方衲子视作归从的对象呢？这大概如同声音在空谷中回应，所谓是"应物于无心"吧。

反观我这尘劳垢秽的身形，正要等待我师用醍醐来洗涤，使我得灌顶彻底地觉悟，更祈求我师张显。

其七：

在那枝叶繁茂的岩石的树林，一一扶疏掩映。一到了夏季就会茂盛成荫，覆盖岩上，清凉至极。本来过去是野草遍地荆棘丛生的荒地，在几年之后，今日竟然也成为梵刹。

我希望和众衲子们，共同谛听我师的说法，好比是海潮雄壮声音，法音发人深省。大抵人生世间，就是聚散苦多，不由人们自主的。今日遇到了别离之苦，不由得不伤感惊心啊！

其八：

我和我师的互相往来，时间虽然不久，但彼此相见迄今，却已成为两个老人，虽是岁数老大，然而风流偶傥，应对酬答，异乎常人。我师方安坐于岩上，宴然自得。我则各方募集食粮，以为供养之需。如果师早日归来，此乐可意犹未尽呢！

其九：

世上纷纷纭纭，不知有多少学禅的人，腰中背包，头上戴笠，竞相奔赴大江南北，可是竟无一个真实参学的衲子。刚刚能说上几句葛藤禅，便痴意自负，起增上慢心。求其道德高尚如我师的人，实在是难能稀有了。我更愿此道相传，传给有上乘根器的学人，务使接钵的人，能永远光大临济法门之后。

其十：

在我的乡邑中，剃度出家的人极多，可以说浩浩然如云海，多不胜数。大机像杭州天宁寺重机明真禅师，玄妙师备禅师的法嗣，久已迁化了。幸喜还有小机的如简堂行机禅师在。此外仍然更有一圆极岑和尚，他和简堂这二位老禅师，纯然是无道无悔有大道之风的真善知识，闻名于海内，被世人所推崇的。

其十一：

古来本无寺院住持之事。但只各举所证，以心印心，以传法为宗旨。学者有的能真实悟到诸色皆空时，自然可以超越生死。可是一般庸俗和尚昧于本来天真之性，自己尚且不识，又怎能知祖师西来的大意？祖师西来大意既不知，至于西归之履的事更是蒙然不知了。何况今时道德沦丧，竟有送珍奇之物，买着贵人、长者的书帖，以求举荐做住持的席位，这样的虚伪无德，佛法哪里有所依靠而得振作呢？

其十二：

在出家的僧侣当中，有不少道德完善的高僧。在一般儒士之中，也有着出类拔萃的高士。我虽然不是什么高人，但此粗心亦能知止有定。我师本来是个中的过来人，他却是隐遁修持，不是不能，只是不恋名位罢了。我何幸与师同邻，隐于同山而获同乐！

其十三：

我师之志是能固守斯穷之道，是个穷和尚。我亦能固守斯穷之道，是个寒酸的穷秀才。彼此对忍穷的窍门可说十分的透彻，而能入于无碍解脱的境地。然而既然证得此穷的享用，而今却都已老迈，岂肯不归心于此乐呢？如今我师虽暂别，我且告诸泉石中修道的人，切勿猜疑于师，师乃应彼处之缘，又哪里是真心恋栈彼处呢？

（《景星石刻》）

原典

给事吴公谓简堂曰："古人灰心泯智于千岩万壑之间，涧饮木食，若绝意于功名，而一旦奉紫泥之诏①，韬光匿迹于负桩贱役之下。初无念于荣达，而卒当传灯②之列。故得之于无心，则其道大，其德宏；计之于有求，则其名卑，其志狭。惟师度量凝远，继踵古人，乃能栖迟③于管山一十七年，遂成丛林良器。今之衲子，内无所守，外逐纷华，少远谋，无大体，故不能扶助宗教，所以不逮师远矣。"

注释

①**紫泥之诏**：皇帝诏书。皇帝诏书用紫泥封盖，故名。

②**传灯**：指相承法派。

③**栖迟**：隐退。

译文

给事吴公苘对简堂说："古人泯灭智慧，心意寂静如死灰，深藏于千岩万壑之间而不为外界所动。他们饮山涧之水，食山中之木，好像断绝了功名意念。而一旦奉了皇帝的诏书，于是藏匿光彩，不为人所见闻，甚至从事负桩贱役。本初不念及荣达，而后竟当传灯之列。因为无心思要得到什么，所以他们的道德就显得宏大。他们懂得，一旦计谋着要求取什么的时候，他们的名声就显得卑污，志向就显得狭隘。只有简堂大师你度量凝重高远，继续了古人的遗风，才能隐遁管山十七年，终成丛林良器。现如今的衲子，内心没有什么守护，而且追逐外在的繁华盛丽，他们很少有远谋，不识大体，所以不能扶助宗教。这就是他们远不及简堂大师的原因所在呢。"

（《高侍者记闻》）

原典

简堂曰："夫人常情，罕能无惑，大抵蔽于所信，阻于所疑，忽于所轻，溺于所爱。信既偏，则听言不考其实，遂有过当之言；疑既甚，则虽实而不听其言，遂有失实之听；轻其人，则遗其可重之事；爱其事，则存其可弃之人，斯皆苟纵私怀，不稽道理，遂忘佛祖之道，失丛林之心，故常情之所轻，乃圣贤之所重。古德云：'谋远者先验其近，务大者必谨于微。'将在博采而审用其中，固不在慕高而好异也。"

译文

简堂说："人有常情，很少能没有迷惑，大致说来，由于信任就会产生蒙蔽，由于疑惑就会产生阻碍，由于轻视就会产生疏忽，由于喜爱就会产生沉迷。既然偏听偏信，就不会对所听之言进行检证，以判定它是否符合实际，于是就有过当之言；既然疑惑很重，即使是实话也听不进去，于是就有失实之听；由于轻视一个人就遗弃他所做的事，尽管它是应重视的事；由于爱好一件事就存留做这件事的人，尽管他是应遗弃的人。这些都是苟且放纵私心，不去稽考道理的后果，于是他们忘却了佛祖之道，丧失了丛林之心，所以，常情所轻视的事，却是圣贤所重视的事。古德说：'谋求长远的事，要先验证近期的事。从事宏大的事，一定要对细微的事谨慎处置。'成功事情，在于博采众长，并在实践中去审察它们的功用，而不在于不切实际地爱慕高远和奇异。"

（《与吴给事书》）

原典

简堂清明坦夷，慈惠及物，衲子稍有讹误①，蔽护保惜，以成其德。尝言："人谁无过？在改之为美。"住鄱阳管山日，适值隆冬，雨雪连作，馇粥②不继，师如不闻见。故有颂曰："衲被蒙头烧榾柮③，不知身在寂寥中。"平生以道自适，不急于荣名。赴庐山圆通请日，拄杖草屦而已。见者色庄意解。九江郡守林公叔达目之曰："此佛法中津梁④也。"由是名重四方。其去就真得前辈体格。殁之日，虽走使致力，为之涕下。

①诖误：被别人牵连而受到处分或损害。

②馆粥：稠粥。

③榾柮：树木无枝无叶之短木。

④津梁：桥梁。

译文

简堂待人接物清明、坦荡、慈惠，衲子稍有些差错或过失，他就给予掩护和保惜，以此成就他们的德行。他曾说："谁人没有过错呢？问题在于改正它，就是善的。"在鄱阳管山居住的日子里，正值隆冬，连降雨雪，连稠粥都不能连续供应，而简堂师一点也不在意。因此有颂赞道："衲被蒙头烧榾柮，不知身在寂寥中。"他平生把行道作为自身应遵循的事情，从不急于追求荣誉和名声。在赴庐山圆通禅师邀请的日子里，简堂只是手拄拐杖、脚穿草鞋而已。令看见他的人颜色变得恭敬而又庄严，原来存有的紧张不安的心情也随之消解。九江郡守林公叔达目睹了简堂后说："此人是佛法中的桥梁。"由此，他的名字被四方所推重。他对一切事物的去留进退，是真正深得前辈学问、德行的本质和精义。迁化之日，即使那些使役效力的人也为他痛哭流涕。

侍郎张公孝祥致书谓枫桥演长老①曰："从上诸祖无住持事，开门受徒，迫不得已。像法②衰替，乃至有实封投状买院之说。如乡来枫桥纷纷，皆是物也。公之出处，人具知之，唪啄③同时，元④不着力，有缘即住，缘尽便行。若裨贩⑤之辈，欲要此地造地狱业，不若两手分付为佳耳。"

注释

①**演长老**：常州华藏遁庵宗演禅师，得法于大慧禅师，南岳下十六世。

②**像法**：指与佛灭后五百年至后一千年间所行与正法相似之佛法。

③**唪啄**：饮咬。

④**元**：原来，本来。

⑤**裨贩**：小贩。

译文

侍郎张公孝祥在给枫桥演长老的书信中说道："从前诸祖师，并没有住持一事，他们开门受徒，只是迫不得已的事。与佛灭后千余年间所行的正法相似的佛法不断衰颓更替，甚至出现了结托权贵以求实封赐额赐号的人，以及投托士大夫、商贾申投情状伪卖伪买以获钱帛的人。一向以来，枫桥寺里纷纷纭纭，说长道短的都是此等人物。你演公或出或处，领众行道，人都知道。如使饮咬同时，本来就不需用力，有缘就任缘而住，无缘则拽杖便行。如果小贩之辈，想要此地造地狱恶业，你不如两手吩咐给他们为佳。"

（《寒山寺石刻》）

原典

慈受深①和尚谓径山讷②和尚曰："二三十年来，禅门萧索③，殆不堪看，诸方长老奔南走北不知其数，分烟散众，满目皆是。惟师兄神情不动，坐享安逸，岂可与碌碌者同日而语也？钦叹！钦叹！此段因缘自非道充德实，行解相应，岂多得也？更冀勉力诱引后昆，使曹源涸而复涨，觉树凋而再春，实区区④下怀之望也。"

注释

①**慈受深**：东京（今河南开封）慧林寺慈受怀深禅师，嗣长芦崇信禅师，青原下十三世。

②**径山讷**：临安府（今浙江杭州）径山妙空智讷禅

师，亦嗣长芦崇信禅师。

③萧索：萧条，冷落。

④区区：旧时谦词，我。

译文

慈受深和尚对径山讷和尚说："二三十年来，禅门萧条，几乎到了不堪目睹的程度。各方长老为着名利奔南走北，不知其数，满目看到的都是禅门和众僧像烟雾一样消散的情景。唯有师兄你神情不动，坐享安逸，此等受用，怎可与庸庸碌碌之辈同日而语？钦佩！钦佩！此段因缘，如果不是你道德充实，做到修行与知解相互应和，怎么能多得呢？更希望你能勉力诱引后代子孙，使干涸的曹洞宗源流再涨起来，使凋谢的觉悟树再次逢春发芽，这实在是区区在下心中怀有的希望啊！"

（《笔帖》）

原典

灵芝照①和尚曰："谗②与谤③同邪？异邪？曰，谗必假谤而成。盖有谤而不谗者，未见谗而不谤者也。夫谗之生也，其始因于憎嫉，而终成于轻信，为之者，谄佞小人也。古之人有输忠以辅君者，尽孝以事亲者，抱义以结友者。虽君臣之相得，父子之相爱，朋友之相亲，一日为人所谮，则反目攘臂，摈逐离间，至于相视如寇仇。虽在古圣贤所不能免也，然有初不能辩，久而后明者，有生不能辩死而后明者，有至死不能辩终古不能明者，不可胜数矣。子游④曰：'事君数⑤，斯辱矣；朋友数，斯疏矣。'此所以诫人远谮也。

"呜呼！谮与谤不可不察也。且经史载之，不为不明。学者览之，莫不知其非，往往身自陷于谮口，噎郁至死。不能自明者是必怒，受谮者之不察为谮者之谄佞也。至有群小至其前，复谮于他人，则又听之以为然，是可谓聪明乎？盖善为谮者，巧便斗构⑥迎合蒙蔽，使其瞢然如为鬼所魅，至有终身不能察者。孔子曰：'浸润之谮⑦，肤受之愬⑧。'言其浸润之来，不使人预觉。虽曾参⑨至孝，母必疑其杀人。市非林薮⑩，人必疑其有虎。间有不行焉者，则谓之明远君子矣。

"予以愚拙疏懒，不喜谄附妄悦于人，遂多为人所谮谤。予闻之，窃自省曰：'彼言果是欤，吾当改过，彼则我师也；彼言果非欤，彼亦徒为耳，焉能浼⑪我哉？'于是耳虽闻之，而口未尝辩。士君子察不察，在彼才识明不明耳，吾孰能申其枉直，求知于人哉？然且不知久而后明邪？后世而后明邪？终古不明邪？文中子⑫曰：'何以息谤？'曰：'无辩。'吾当事斯语矣。"

①**灵芝照**：杭州灵芝圆照湛然律师，礼慧才法师。

②**谗**：说别人的坏话。

③**谤**：指责别人的过失。

④**子游**：孔子弟子，姓言，名偃，字子游。

⑤**数**：密，屡屡。这里指烦琐。

⑥**斗构**：钩心斗角，比喻各用心机，明争暗斗。

⑦**浸润之谮**：像水浸灌滋润慢慢渗透进来的毁谤。谮，诬谄、毁谤。

⑧**肤受之愬**：肌肤能够感觉到疼痛那样的诬告。

⑨**曾参**：孔子弟子，字子舆。

⑩**林薮**：山林水泽之间。

⑪**涴**：污染，玷污。

⑫**文中子**：隋代王通，字仲淹，门人私谥为文中子。

译文

灵芝照和尚说："说别人坏话的谗言与指责别人过失的毁谤是一样呢，还是不一样呢？应该说，谗言一定是凭借毁谤而成。大概会有毁谤别人而不谗言别人的情况，但不可能见到谗言别人而不毁谤别人的情况。之所以会产生谗言，开始是因为憎恨、嫉妒别人，而最终形成的原因是由于轻信，做这种事的人都是一些用卑贱的态度和花言巧语奉承、讨好人的小人。古代的人，有献忠以辅助君王的，有尽孝以侍奉双亲的，有抱义以结交朋友的。即使君臣相得，父子相爱，朋友相亲，然而一旦听信谗言，彼此就会反目成仇，相互摒弃、驱逐，从而发生离间，以至于相视如仇敌。以上所述，即使在古代圣贤那里也在所难免。然而有程度的不同，有的起初不能辨知，很久以后却明白了，有的生时不能辨知，死了以后却明白了，有的到死不能辨知，终古不能明白，这样的人不可胜数。子游说：'对待君主过于烦琐，就会招致侮辱；对待朋友过于烦琐，就会反被疏远。'这就是告诫人们远离谗言的原因所在。

"呜呼！对于谗与谤，不可不察见啊！而且，经史记载了许多有关情况，不能不说是很明白的了。学者也览阅经史，没有不知道谗与谤的谬害，但是，往往仍会自身陷于谗口，被它阻滞住喉咙而致死。不能自明的人一定是在怒时，受到谗言却又不能察觉谗言者的花言巧语。至于有众多小人到我面前再对他人进谗言，那么我又听信了谗言。自己既受到他的谗言，再又听信他人的谗言，这种做法能算得上聪明吗？大致说来，善于谗言的人，善长诡辩、钩心斗角以及迎合、蒙蔽，使受到谗言的人处于昏晦、暗昧的状态，如同被鬼神所惑乱一般，甚至使你终身不能察见。孔子说：有'日积月累，像水那样慢慢渗透进来的毁谤和急迫而来，有切肤之痛那样的诬告。'孔子这里所说的日积月累，像水那样慢慢渗透进来的毁谤，是不易使人预先察觉到的。即使曾参是位至孝的人，在再三有人谎说曾参杀人的情况下，他的母亲必定会信以为真。都市不是山林水泽，在再三有人谎说有虎的情况下，人们必定会信以为真。在你那里，所有形式的毁谤和诬告都行不通，那你可算得上高明远大的君子了。

　　"我因为愚蠢笨拙，懒散不耐拘束，不喜欢谄媚附势，虚妄地去取悦于他人，于是多被别人谗谤。我听到谗谤后，暗地自我反省说：'他说的如果是对的，我应当改过，他就是我的老师；他说的如果是不对的，他也是徒然妄为而已，怎么能玷污我呢？'于是，我即使听到有人谗谤我，也从不辩解。士人君子，察见不察见，在于他才识明不明罢了。我哪能申辩曲直，向人求知呢？况且不知道是很久以后才能明白呢？是死了以后才能明白呢？还是终古都不能明白呢？文中子说：'用什么办法止息毁谤呢？回答是：不要辩解。'我应当按照这句话去做。"

（《芝图集》）

懒庵枢①和尚曰："学道人当以悟为期，求真善知识决择之。丝头情见②不尽，即是生死根本。情见尽处，须究其尽之所以，如人长在家，愁什么家中事不办？沩山云：'今时人虽从缘得一念顿悟自理，犹有无始习气未能顿尽，须教渠③净除现业流识，即是修也。不可别有行门令渠趣向。'沩山古佛故，能发此语。如或不然，眼光落地时，未免手脚忙乱，依旧如落汤螃蟹④也。"

注释

①**懒庵枢**：临安府（今浙江杭州）灵隐寺懒庵道枢禅师，嗣道场居慧禅师，南岳下十八世。

②**丝头情见**：喻极细微的妄情所见。

③**渠**：他。

④**落汤螃蟹**：公案名。《五灯会元》说："云门偃说：'忽一日眼光落地，莫似落汤螃蟹，手忙脚乱。'"

译文

懒庵枢和尚说："学道的人当以觉悟为自己期望达到的目的，要求得到真正的善知识为我剖决疑滞，拣择邪正，哪怕是极细微的妄情所见不能尽除，那也是关系到生死根本的大事。完全没有妄情所见的地方，须要探究它的原因所在，如同人常常在自己家中，愁什么家中大小事务不办？沩山说：'今时人即使顺从因缘自得一念顿悟的道理，尚且有无始的烦恼相续在心中形成的余习不能顿尽，因此，必须教他净除一切现世的造作以及游移放纵的见识，这就是修行。不是此外别有教门令他趋向。'所以，如果不是沩山古佛能阐发此语，当人们眼光落地时不免会手脚忙乱，依旧如落汤螃蟹呢！"

原典

懒庵曰："律中云：'僧物有四种①：一者常住常住，二者十方常住，三者现前常住，四者十方现前常住。且常住之物，不可丝毫有犯，其罪非轻。'先圣后圣非不叮咛，往往闻者未必能信，信者未必能行。山僧或出或处，未尝不以此切切介意，犹恐有所未至，因述偈以自警云：'十方僧物重如山，万劫千生岂易还？金口②共谭③曾未信，他年争④免铁城关⑤？人身难得好思量，头角生时岁月长。堪笑贪他一粒米，等闲失却半年粮。'"

①**僧物有四种**：四种僧物，又叫四种常住。一、常住常住，如众僧的厨库、寺舍众具、花果树林、田园、仆、畜等，这些都是永定住于一处，不可分判的，所以为常住物中的常住物。二、十方常住，如日日供僧的常食，即十方僧的僧物，所以叫十方常住。三、现前常住，指各比丘所属的私物，即现前僧的现前物，所以叫现前常住。四、十方现前常住，如亡僧所遗之经物，这些可以分与十方僧为各比丘的现所属之物，所以叫十方现前常住。

②**金口**：如来的口舌。如来的身相为黄金色，所以其口舌谓之金口。

③**谭**：同"谈"，说。

④**争**：犹"怎"。

⑤**铁城关**：地狱的城关。

译文

懒庵说："律藏中说：'僧物有四种：一为常住常住僧物，二为十方常住僧物，三为现前常住僧物，四为十方现前常住僧物。而且，常住僧物，不能丝毫有所侵犯，否则，罪行不轻。'先圣后辈无不一再叮咛，而往往听者未必能相信，相信的人未必能执行。山僧我或出或居，不曾不以此再三告诫自己要小心在意，但还是恐怕有没有做到的地方。因此，撰写一偈，以此警示自己，云：'十方僧物重如山，万劫千生岂易还？金口共谈曾未信，他年争免铁城关？人身难得好思量，头角生时岁月长。堪笑贪他一粒米，等闲失却半年粮。'"

原典

懒庵曰："《涅槃经》云：'若人闻说大涅槃，一句一字，不作字相①，不作句相，不作闻相，不作佛相，不作说相；如是义者，名无相相②。'达磨大师航海而来，不立文字者，盖明无相之旨，非达磨自出新意，别立门户。近世学者，不悟斯旨，意谓禅宗别是一种法门。以禅为宗者非其教，以教为宗者非其禅，遂成两家之说，互相诋訾③，诙诙④不能自已。噫！所闻浅陋一至于此，非愚即狂，甚可叹息也。"

注释

①相：事物的相状，表于外而想象于心的事物。泛指作为认识对象的事相和认识中的映象、名相。此种有相均被视为分别执着的产物，虚幻不实。

②**无相相**：无相之相。指断绝世俗一切众相所得的真如实相。故"无相之相"即是空寂无分的"真理""法性""涅槃"。

③**诋呰**：毁谤。

④**譊譊**：喧嚷争辩之声。

译文

懒庵说："《涅槃经》说：'如果人听说大涅槃，或闻一句，或闻一字，能不执着虚幻不实的字相、句相、闻相、佛相、说相，那么就领悟到了空寂无分的无相实相的涅槃义旨了。'菩提达磨大师航海而来中土，提倡不立文字，直指人心的教义，大概是要明诸法皆空的无相之旨。不是达磨自出新意，别立门户。近世学者，不能了悟此旨，认为禅宗别是一种法门。以禅为宗的，就不是以言句传授的教内之法。以教为宗的，就不是离言句，直指人心的教外之禅法。于是形成两家之说，并互相毁谤，争辩之声不断，而且不能自己停止。噫！所闻浅陋竟到了这种地步，这种人不是愚人，即是狂徒，甚是可叹啊！"

（《心地法门》）

源流

《禅林宝训》先是由妙喜宗杲和竹庵士珪两位禅师共同编集，后散失颇多，南宋淳熙年间的净善禅师又重新编集。他在该书序中已明确指出，现存三百篇的《禅林宝训》取材于各种语录、传记、文集以及诸老遗语。从时间上说，它是上至南岳下十一世的黄龙慧南禅师，下至南岳下十六世的佛照德光、简堂行机等诸老言行的总录。也就是说，此间众多禅师的语录、传记、文集以及遗语共同构成了《禅林宝训》一书的源头。

　　正因为《禅林宝训》一书来源于不同的语录、传记、文集，也就决定了它的体例不是单一性的。里面所载既有语录体的各种语录，又有笔记体的《林间录》，又有传记体的《禅林僧宝传》，还有文集形式的《镡津文集》《丛林盛事》，另外还有《行状》《壁记》《石刻》等等形式。

由此，从体例上说，不能简单地将《禅林宝训》归属于某一种形式，毋宁说它是多种体例形式的汇集，因而形成了一种独特形式，即记载禅师嘉言善行的言行录。

虽然由三百篇而集成的《禅林宝训》是按照重新编集者所得先后去排列各篇内容的，而不是按照古今先后的时间顺序去编排列序，但是，书中所反映出的禅学内容，是有其具体历史内容的。实际上，《禅林宝训》向人们展示的正是宋代禅学在特定历史条件下发展的状况。

《禅林宝训》所收录的禅师共有一百多位，他们大多分属从五家之一的临济衍化出来的黄龙慧南和杨岐方会两个支派的传人。溯其源流，他们皆属惠能禅宗的法系。这里我们有必要结合禅宗的发展史及其思想演变情况对《禅林宝训》思想作一番追本求源式的探讨。

中国禅宗的历史发展，可分为前后两个时期。前期禅宗指的是以惠能（公元六三八—七一三年）为代表的禅宗。后期禅宗指的是从惠能两大弟子南岳怀让（公元六七七—七四四年）、青原行思（？—七四〇年）两系之下相继衍化出的"五家"禅宗，它们形成于唐末五代。分别言之，首先是百丈怀海的弟子沩山灵祐（公元七七一—八五三年）及其弟子仰山慧寂（公元八〇七—八八三年）创立了沩仰宗；其次是黄檗希运（？—大中年间死）的弟子临济义玄（？—八六七年）开创了临济宗；出自青原系统的云岩昙晟（公元七八二—八四一年或七八〇—八四一年）的弟子洞山良价（公元八〇七—八六九年）及其弟子曹山本寂（公元八四〇—九〇一年）成立了曹洞宗；再其次是雪峰义存（公元八二二—九〇八年）的弟子云门文偃（公元八六四—九四九年）建立了云门宗；法眼禅师清凉文益（公元八八五—九五八年）也于五代时创建了法眼宗。沩仰、临济、曹洞、云门、法眼五家禅宗就此形成了。五家中，沩仰宗衰亡最早；法眼宗至宋中叶即告衰亡；云门宗大振于宋初，第三代雪窦重显（公元九八〇—一〇五二年）著有《颂古百则》，此时宗风颇盛，至南宋该宗就逐渐衰落；曹洞宗传承八代后，出现了宏智正觉（公元一〇九一—一一五七年），他倡导"默照禅"，是赵宋一代禅学之一大代表；五家中最盛的是临济宗，其传承系谱是：兴化存奖（公元八三〇—八八八年）、南院慧颙（？—九五三年）、风穴延沼（公元八九六—九七三年）、首山省念（公元九二六—九九三年）、汾阳善昭（公元九四七—一〇二四年）、石霜楚圆（公元九八六—一〇三九年）。石霜楚圆的弟子黄龙慧南（公元一〇〇二—一〇六九年）开创黄龙宗；另一个弟子杨岐方会（公元九九二—一〇四九年）开创杨岐宗，后来人把这两宗与上述的五家合称禅宗"五家七宗"。黄龙慧南嗣法的第一代弟子中，著名的有晦堂祖心（公元一〇二五——一一〇〇年）、宝峰克文（公元一〇二五——一一〇二年）等人。在黄龙第二代弟子中，以克文门下的兜率从悦（公元一〇四四——一〇九一年）、泐潭文准（公元一〇六一——一一一五年）和清凉慧洪（公元一〇七一——一一二八年）最为著名。杨岐方会嗣法的第一代弟子中，以白云守端（公元一〇二四——一〇七二年）最为著名，而守端嗣法弟子中以五祖法演（公元一〇二四——一一〇四年）最为著名。临济的黄龙派在两宋之际走向衰落，进入南宋不久便法系断绝，杨岐派逐渐取代黄龙派而成为临济正宗。杨岐派的兴盛，以法演门下"三佛"的出现为其标志，他们是佛鉴慧勤（公元一〇五九——一一一七年）、佛眼清远（公元一〇六七——一一二〇年）和佛果克勤（公元一〇六三——一一三五年），其中以佛果克勤影响最大。克勤的嗣法弟子，以大慧宗杲（公元一〇八九——一一六三年）和虎丘绍隆（公元一〇七八——一一三六年）最有影响。以上所列禅师，其言行、事迹在《禅林宝训》中都有所反映。从传法世系上说，五家七宗以及黄龙、杨岐的嗣法子系均出于惠能门下，属南宗禅。

由惠能开创的前期禅宗提倡"不立文字，见性成佛，直指人心"的教外别传，它讲究的是修行与知解的相互呼应。对于这一至简至要的教外别传之道，"初无他说，前辈行之不疑，守之不易"①。《禅林宝训》对此段历史做了这样的记载：少林初祖，衣与法双传，到六世大鉴惠能就不传衣给后嗣者。由于取得修行与知解的相互呼应，世袭家业，祖道愈加光耀，子孙更加繁盛。从曹溪禅宗源流分化为五个宗派，虽盛水的器皿有方有圆，但水的体性则是相同的，它们各扬佳声，力行己任。②这里就告诉我们这样一个事实，由一花（曹溪禅宗）开出的五叶（五宗）都是推行和坚守"不立文字"原则的，甚至可以说，在五宗那里，把主张不拘泥于文字经典的倾向推到了极端。

发展到极端的事物极易走向自身的反面，禅宗发展的历史也证明了这一点。唐五代那些旨在表达"不立文字"和强调自证自悟所采用的各种隐语、比喻、暗示甚而呵骂打掐、推拿棒喝、与夺斩截来绕路说禅的言行和方法，经过门人、弟子笔录，汇集各种"公案"，而形成语录、灯录。从此，禅宗由"不立文字"而变成了"不离文字"，诚如《文献通考》所云：禅宗"本初自谓直指人心，不立文字，今四灯总一百二十卷，数千万言，乃正不离文字耳。"③可见，禅宗至宋，其性质已发生变化，即走向了早期禅宗的反面。而这一趋势，不是到灯录、语录就停止了，它还在继续着，其标志就是颂古、评唱、击节等形式的出现。

所谓"颂古"就是拈出"古则"（亦即"公案"），并以韵文对此加以解释、评颂。据有关资料记载，以这种形式解释"公案"的，首推临济僧人汾阳善昭。他曾收集古人公案一百条作成《颂古百则》。之后不久，云门宗的雪窦重显又广弘其音，大显其旨，也作《颂古百则》。由此，禅宗风气日趋浮华，早期禅宗那种浑淳、平易、大全的本旨渐被消融。对此，《禅林宝训》多有批评，认为这股咬嚼文字的所谓拈起古则之风是从汾阳善昭开始的，到了雪窦重显，又弘大此种声音，显扬这种意旨，其气势深广，不可限极。后人又循着雪窦的轨迹驰骋而为，他们竟不顾道德的讥笑，尽力以文采焕烂为鲜美的事，使得后生晚进不能看到古人那种浑淳、大全的本旨。④

　　禅宗学风变质的步伐，并没有随着"颂古"之风的兴起就此停止，它继续朝着浮华不实的方向发展，其具体表现就是在"颂古"基础上出现的"评唱""击节"。

　　由于"颂古"本身的意蕴含蓄，不易理解，有些禅师认为有必要对颂古进行再解释，进行重新"评唱"和"击节"。这方面最有影响的当推北宋禅僧法演门下"三佛"之一的佛果克勤（宋徽宗赐号"圆悟禅师"）。他写了两部书：一部叫作《碧岩录》（也称《碧岩集》十卷），一部叫作《击节录》二卷。《碧岩录》是对云门雪窦重显的《颂古百则》加以评唱（"评"而"唱"之）；《击节录》即是对雪窦的《拈古百则》加以"击节"（"击"而中"节"）。二者都是对雪窦"颂古"和"拈古"的注释。

《碧岩录》是语录的新体裁，它分十卷，每一卷解释十个公案，构成十个部分，每一部分都有五项内容。第一项是"垂示"（亦即"总纲"），是克勤对公案主旨的概括。第二项是公案的"本则"，即雪窦重显《颂古百则》所选的公案。第三项是引重显的"颂古"。第四项是克勤的"着语"，也称"下语"（亦即夹注）。第五项是"评唱"，这是《碧岩集》最主要的部分，分散在公案本则和颂古之后，它是克勤对公案和颂古的释文，也就是对公案和颂古的正面解释和具体发挥。禅宗式的《碧岩录》的问世，在禅宗史上，它标志着一个新的阶段，即由讲"公案"、逗"机锋"的灯录、语录阶段，发展到"注释"公案、机锋的阶段。同时也标志着宋代禅学的"文字禅"达到了炽盛的程度，完全失去禅宗"不立文字"这一至简至要"教外别传"的本色。《碧岩录》对当时禅学丛林的冲击是很大的。虽然也遭到诸如灵源、佛鉴等长老的反对，但终不能扭转那股评唱之风。由于日驰月奔，丛林已浸染成弊。在此情况下，身为《碧岩录》的作者佛果克勤的大弟子，也即《禅林宝训》编辑之一的妙喜宗杲禅师，勇敢地站出来，对此进行了坚决的反击。

《禅林宝训》对宋代禅宗各阶段宗风的嬗变做了准确和概要的记述："教外别传之道，至简至要，初无他说，前辈行之不疑，守之不易。天禧间雪窦以辩博之才，美意变弄，求新琢巧，继汾阳为颂古，笼络当世学者，宗风由此一变矣。逮宣政间，圆悟又出己意，离之为《碧岩集》。彼时，迈古淳全之士，如宁道者、死心、灵源、佛鉴诸老，皆莫能回其说，于是新进后生珍重其语，朝诵暮习，谓之至学，莫有悟其非者。痛哉！学者之心术坏矣。绍兴初，佛日入闽，见学者牵之不返，日驰月骛，浸渍成弊，即碎其板，辟其说，以至祛迷援溺，剔繁拨剧，摧邪显正，特然而振之。衲子稍知其非而不复慕，然非佛日高明远见，乘悲愿力救末法之弊，则丛林大有可畏者矣。"⑤

　　从菩提达磨倡导的"无相之旨"⑥，到曹溪惠能的"不立文字"，到"一花开五叶"的"各擅佳声，力行己任"⑦，发展到汾阳善昭和雪窦重显的"颂古"，圆悟克勤的"评唱"，以及以妙喜宗杲为代表的一批长老的"救末法之弊"⑧，这就是《禅林宝训》向我们展示的禅宗发展的进程。宋代禅宗发展的历史告诉我们，宗杲欲救末法之弊的方法是推行一种与文字禅对立的"看话禅"，即参究"话头"，所谓"话头"，指的是"公案"中禅师的答语。"看话禅"不像以往的"颂古""评唱"注重意解理会，注释

"公案"，论量古今，而是单参一个"话头"，目的是通过个人历久真实的参究以获得对禅境的直观体验，建立自信，追求自悟。"看话禅"的兴起标志着宋代禅学向着简捷、践行的方向转化。因为《禅林宝训》并没有反映出宗杲的"看话禅"的思想内容，所以，我们这里只是点到为止。

我们曾在"题解"中反复强调指出，《禅林宝训》一书的主旨是教训学者，消除权势、财利和人我之心，使其趋向道德仁义而已。而且，从形式上说，它又是一部文理悠闲平易，全无玄虚怪妄痕迹的书籍，它的作者赞成和反对什么的态度是鲜明的，标准是明确的，并能根据它所确定的标准，去收集各方禅僧的语录、传记及遗语。为拯救文字禅给丛林学者造成的"戒律不必持，定慧不必习，道德不必修，嗜欲不必去"⑨的种种弊端，作者力斥文字禅的危害，并举起道德仁义的大旗，尽择先师有关的嘉言善行，以正世人耳目，以化丛林之风，终于给宋代禅学界吹进了一股令人悦然的清风，也使后人领略到宋代禅师们的另一番风情。

融合释儒的思潮以及重视禅僧的道德修养是宋代禅宗发展的又一个特点。

在宋代禅僧中，提倡释儒融合的代表人物是云门僧人契嵩（公元一○○七——一○七二年）。契嵩字仲灵，号潜子，仁宗赐"明教"师号，藤州镡津（今广西藤县）人。七岁出家，从洞山晓聪禅师（？——一○三○年）得法。后在钱塘灵隐闭门著书，始终致力于儒、释、道三家思想的融合。一生著书百余卷，除了关于禅宗定祖问题的《传法正宗记》《传法正宗定祖图》《传法正宗论》外，另有《镡津文集》流传于世。《大正藏》第五十二卷所收《镡津文集》为十九卷。文集中收录了最能反映他思想特色的《辅教编》。《辅教编》的中心，是要"广引经籍，以证三家一致，辅相其教"⑩。在契嵩看来，儒佛之所以能融合，就在于二者有着共同的目标。首先是同归于治"儒佛者，圣人之教也，其所出虽不同，而同归于治"⑪。具体地说，"儒者，圣人之治世者也；佛者，圣人之治出世者也"⑫。其次是二者同于为善。契嵩认为，儒家所谓的仁、义、礼、智、信，与佛家所谓的慈悲、布施、恭敬、无我慢、智慧、不妄言、不绮语，虽然名目有所不同，但它们在立诚修行，善世利人方面是没有什么差别的。最后，契嵩把"善"的内容归结为儒家的忠孝、仁义等原则，并将此作为佛教中最尊崇的伦理原则和优先尊奉的戒律。他在《辅教编·孝论》中就明确指出："夫孝，诸教皆尊之，而佛教殊尊也。""夫孝也者，大戒之所先也；戒也者，众善之所以生也。"由此可见，契嵩已将佛教伦理与儒家伦理贯通融合了。

契嵩的上述思想对宋代禅宗界产生了深远的影响。《禅林宝训》的编辑和流行，直接受到了契嵩思想的影响。三百篇的《禅林宝训》首篇即是契嵩关于道德的论述，此篇是摘自《镡津文集》卷上《论原·道德》。《禅林宝训》做这样的编序，其用心是不言而喻的。翻开《禅林宝训》，映入你眼帘的，全是道德、节义、廉耻、操守、励行的内容。有从反面揭露丛林背道弃理的现象，有从正面颂扬先佛先师的操履廉谨的事迹。正是有了这样一大批禅师的不懈努力，才阻止了禅宗进一步衰败的趋势，而使它朝着更加现实的道路发展。

注释:

①⑤⑧《禅林宝训》卷四《与张子韶书》。

②④⑦《禅林宝训》卷三《智林集》。

③《文献通考》卷二二七。

⑥《禅林宝训》卷四《心地法门》。

⑨《禅林宝训》卷四《与草堂书》。

⑩《昭德先生郡斋读书志》后志卷一。

⑪《镡津文集》卷八《寂子解》。

⑫《辅教编·原教》。

解说

《禅林宝训》是宋代禅宗发展到特定阶段的产物。我们在"源流"部分已谈到，在唐五代形成的禅宗五家中，沩仰一系入宋已不传；法眼一系在北宋初流行了几十年，以后渐趋衰落。宋代禅宗的历史，主要也就是临济、云门和曹洞三派的历史，而其中又以临济宗的发展最为炽盛。由临济宗而衍化出来的黄龙和杨岐两宗，与五家合称为"五家七宗"。黄龙派在两宋之际走向衰落，进入南宋不久便法系断绝，杨岐派逐渐取代黄龙派而成为临济正宗。

　　但我们又说，宋代禅学思想及其表现形式的产生和发展，不是各宗各派各擅其声，各弘其旨，而大多是共扬其音，同弘其义。具体言之，以"颂古""评唱""击节"形式而兴起、盛行的"文字禅"，由临济的汾阳善昭肇其端，而后由云门的雪窦重显衍其流，再后由临济杨岐派的佛果克勤终其果。这股有违早期禅宗"不立文字"的"文字禅"之风，使宋代禅宗走入了歧途，从而造成了学者日鄙、衰风日盛、纪纲日坠、丛林日废的局面。由此也引起了妙喜宗杲为代表的一批有识禅师忧虑，并挺身而出，以救末法之弊。《禅林宝训》记述了这段历史，并做出了自己的是非判断。

以儒家思想为基准去实现释儒的融合，构成了宋代禅学发展的另一环节。提倡释儒融合的代表人物是云门僧人契嵩。而他所确立的释儒融合的原则以及所推重的道德思想，又多受到临济的黄龙、杨岐两派法嗣的禅师的重视。《禅林宝训》虽以收集临济宗著名禅师言行为主，但却把云门僧人契嵩关于道德修养的言论冠于《禅林宝训》三百篇之首。这一方面说明《禅林宝训》的编辑和流行，直接受到了契嵩思想的影响，另一方面说明，倡导释儒融合以及道德的思想并非是一家之声，因此，也才能形成宋代禅学发展的又一个特点。《禅林宝训》最集中地反映了这一特点。《禅林宝训》对宋代禅宗发展的不同历史阶段的记述以及所进行的是非评断，这对后人研究宋代禅学的发展轨迹及其特点是有很大帮助的。

如果以上是从历史研究的角度肯定了《禅林宝训》一书的意义和价值，那么，结合现代生活中的文化现象对它进行现实的思考，该书的意义和价值将会得到更好地显现。

宗教作为一种文化现象，不仅表现为一种社会意识，同时又是社会结构的一个组成部分，它以其特定的内容和方式深刻影响着现代社会的方方面面。佛教作为中国现存的最大的宗教派别，更是不断开拓着它在社会生活的各个领域，与现代文化继续发生着广泛持久的相互影响。当然要做到这一点，其首要前提是佛教需要有一套能维系自身生存发展的教理教义、科仪规范、修行实践、清规戒律以及宗教道德。而在现代佛学界，各寺院的住持、长老以及所有出家人，加强自身的道德修养则显得更为重要。削除势利人我之心，趋向道德仁义，心怀远大之志，利济众生，恩被泉石，应当继续成为现代僧人的龟鉴。所有这一切乃是《禅林宝训》的劝诫。让我们来看看《禅林宝训》究竟在哪些方面提供了可以借鉴的东西。

对于寺院的住持、长老，《禅林宝训》提出了很高的要求。在他们看来，住持、长老即是道德的体现，因此必以行道为任，乃不虚其名，丛林事业兴衰与否，与此紧密相关。具体言之：

住持应有四个支点：一是道德，二是言行，三是仁义，四是礼法。①住持应情通上下，知损益否泰之由。②

住持当与众同好恶，以合乎大中至正之义。③住持应以至公为心，不可徇私自好，为外物所惑乱。④持法者当以中道含缓为要。⑤住持要行解相应，无沾沾于声利。⑥住持应矜细行，以全大德。⑦长老应以利济为心，以助宣法化之机。⑧住持应曲全人材，不可以偶失而偏废，而且，当殷勤诱掖，使学者得以成其美材。⑨住持以诚信为本，感人必深。⑩住持当亲贤远佞，如此即得一体。⑪住持要贤德者辅佑，如此道乃远大。⑫住持对寺中常住之物，不可丝毫有犯。⑬

对于学道的僧人，《禅林宝训》同样提出了不少诫训。具体言之：

诲人道德为立身之本，诫学者削除利欲为止乱之源。⑭训人守节义，毋恃外势。⑮诲行道者损己利人以不贪为要用。⑯训学者居安虑危，始得无终身之虑。⑰谓人操守贵真实，训人宜务实学而不宜卖虚饰假。⑱诲人笃志勤学，当怀远大之志，不可徇俗苟利。⑲要人深蓄厚养，不宜躁进以求名。⑳训人要能改过迁善，使道德日新。㉑谓学道要以节俭为要。㉒教人行事要存正理，勿纵私心。㉓

以上所列，只是《禅林宝训》一部分嘉言善理。虽然这些是专对住持、长老、学人所发出的训诫，但是，有许多道理却具有普遍的真理性，对丰富人的精神生活和提高人的道德修养都不无裨益。唯其如此，《禅林宝训》

才超越了佛学界而具有了普遍意义和价值。

注释:

①参见《禅林宝训》卷四《实录》。以下参见此书，只注卷数和篇名。

②卷一《与黄檗胜书》。

③卷二《二事癞可赘疣集》。

④卷一《与德和尚书》《南华石刻》。

⑤卷二《拾遗》。

⑥卷二《记闻》。

⑦卷二《与佛智书》。

⑧卷二《双林石刻》。

⑨卷二《与德和尚书》《与李都运书》。

⑩卷三《黄龙实录》。

⑪卷三《疏山石刻》。

⑫卷四《幻庵集》。

⑬卷四《心地法门》。

⑭卷一《镡津集》。

⑮卷一《庐山野录》。

⑯卷一《与九仙诩和尚书》。

⑰卷一《九峰集》。

⑱卷一《二事坦然庵集》《西湖记闻》、卷三《月窟集》。

⑲卷一《白云广录》、卷三《宝峰记闻》。

⑳卷二《赘疣集》。

㉑卷二《与文王簿》。

㉒卷三《广录》。

㉓卷四《与吴给事书》。

参考书目

1.《禅林宝训合注》 清·张文嘉校定，张文宪参阅，清顺治七年序刊。收入《续藏经》第二编甲第十八套。

2.《禅林宝训笔说》 清·智祥述，清康熙四十五年序刊。收入《续藏经》第二编甲第十八套。

3.《五灯会元》（上、中、下） 宋·普济著，苏渊雷点校，中华书局一九八四年版。

4.《中国禅宗大全》 李淼编著，长春出版社一九九一年版。

5.《五经全译·易经》 陈襄民注译，中州古籍出版社一九九一年版。

6.《四书全译》 刘俊田等译注，贵州人民出版社一九八八年版。

7.《庄子今注今译》 陈鼓应注译，中华书局一九八三年版。

8.《佛教手册》 宽忍编著，中国文史出版社一九九一年版。

9.《中国佛教简史》 郭朋著，福建人民出版社一九九〇年版。

10.《简明中国佛教史》 日·镰田茂雄著，郑彭年译，上海译文出版社一九八六年版。

11.《佛学与儒学》 赖永海著，浙江人民出版社一九九二年版。

12.《中国禅宗思想历程》 潘桂明著，今日中国出版社一九九二年版。

13.《禅与老庄》 徐小跃著，浙江人民出版社一九九二年版。

14.《宋代禅宗文化》 魏道儒著，中州古籍出版社一九九三年版。

15.《禅宗大意》 正果法师著，中国佛教协会一九八六年版。

16.《禅宗与道家》 南怀瑾著，复旦大学出版社一九九一年版。

出版后记

　　星云大师说："我童年出家的栖霞寺里面，有一座庄严的藏经楼，楼上收藏佛经，楼下是法堂，平常如同圣地一般，戒备森严，不准亲近一步。后来好不容易有机缘进到藏经楼，见到那些经书，大都是木刻本，既没有分段也没有标点，有如天书，当然我是看不懂的。"大师忧心《大藏经》卷帙浩繁，又藏于深山宝刹，平常百姓只能望藏兴叹；藏海无边，文辞古朴，亦让人望文却步。在大师倡导主持下，集合两岸近百位学者，经五年之努力，终于编修了这部多层次、多角度、全面反映佛教文化的白话精华大藏经——《中国佛教经典宝藏》，将佛教深睿的奥义妙法通俗地再现今世，为现代人提供学佛求法的方便途径。

　　完整地引进《中国佛教经典宝藏》是我们的夙愿，

三年来，我们组织了简体字版的编审委员会，编订了详细精当的《编辑手册》，吸收了近二十年来佛学研究的新成果，对整套丛书重新编审编校。需要说明的是此次出版将丛书名更改为《中国佛学经典宝藏》。

佛曰：一旦起心动念，也就有了因果。三年的不懈努力，终于功德圆满。一百三十二册，精校精勘，美轮美奂。翰墨书香，融入经藏智慧；典雅庄严，裹沁着玄妙法门。我们相信，大师与经藏的智慧一定能普应于世，济助众生。

东方出版社